女性リーダーが生まれるとき

「一皮むけた経験」に学ぶキャリア形成

野村浩子

光文社新書

まえがき

残念なニュース

日本は153カ国中121位――。

2019年12月、この残念なニュースが駆け巡った。世界経済フォーラムから発表されたジェンダー・ギャップ指数で、日本は調査対象の153カ国中121位、過去最低の順位となったのだ。前年の110位からさらに沈みこみ、G7のなかでは最下位である。

調査時点で閣僚に女性がわずかひとりということが響いたとされる。さらに順位が長年低迷し続ける原因は、政治と経済分野の女性リーダーの少なさだ。国会議員の女性比率は約10%と世界最低水準。女性の役員比率も5・2%（2019年7月末現在、東洋経済新報社『役員四季報』）。欧米の2～3割に比べるとその差は明らかだ。

ジェンダー・ギャップのニュースに、ダイバーシティ推進を手がける担当者や女性管理職からは「こんなに頑張っているのにがっかりだ」と落胆の声が上がった。私自身は、もちろん残念には思ったが、さほど驚きはしなかった。時折海外に出かけて女性活躍推進の取材をする度に、日本とは違うスピード感を目の当たりにしてきた。日本は各組織がコツコツと取り組んではいるものの、何しろ変化のスピードが遅い。今回順位が沈んでしまったのは、日本が後退しているわけではなく、海外は日本を上回るスピードで変化しているためだ。日本はその変化のスピードに追いつけないのである。

遅れをとる原因は、一言でいうなら「危機感」の違いだ。女性が働き続けるうえでの壁を取り除かないと経済成長は遂げられない、企業の成長も見込めない。性別・国籍・人種・経歴が均質な集団からイノベーションは生まれない。意思決定層に占める女性の割合を増やさないと多様化する市場に対応できない、多様な人材が力を出せる職場づくりが実現できない、こうしたヒリヒリとするような危機感を抱いているかどうか、である。

海外各国は今のままではいけないという強烈な危機感のもと、時にはクオータ制（割当制）という劇薬の導入まで試みて、変化を加速させている。それに比べると、日本の危機感は薄い、生ぬるい。その結果が、ジェンダー・ギャップ指数の過去最低順位である。

多様性に欠ける日本社会

実は２０２０年は、日本の働く女性にとって歴史に刻まれる年になるはずだった。「２０３０」、通称ニマルニマルサンマル、あらゆる分野で指導的地位に占める女性の割合を２０２０年に30％にしようという目標が２００３年に掲げられ、経済界も、国・自治体もその目標に向かい女性管理職の育成を進めてきた。なぜ30％かというと、ある集団のなかで少数派が３割を超えると意思決定に影響を及ぼすようになるとされているからだ。ところが、２０１８年度の女性管理職比率は11・8％（厚生労働省雇用均等基本調査）。２年間で、女性管理職の割合を１割から３割にジャンプさせるのは、とうてい無理だろう。２０２０年を迎えた今年、目標に手が届かないことは必至だ。

実はもうひとつ、政府が密かに掲げていた目標がある。「２０２０１０」、２０２０年に女性の役員比率を10％にするというものだ（会社法上の役員である取締役、監査役の割合[*1]。本書ではこれに執行役員も含めて役員と呼ぶ）。こちらの目標もどうやら未達となりそうだ。

政治の世界も、経済界も、意思決定層は極めて均質だ。その大半が「日本人、男性、シニア」——。明らかに多様性を欠いている。

政治の世界を見ると、ニュース報道などで見ての通りシニア男性が主導する世界で、全国市区町村議会では女性議員ゼロのところが2割に上る。これでは多様なニーズを政治に反映することはできないだろう。

経済界も同様である。経済団体連合の幹部の構成が、経営陣の均質性を象徴している。会長・副会長19人は、全員男性、年齢は60〜70代で最年少は64歳、新卒で入った企業に長年勤めてきた人たちだ。同様に株主総会で壇上に並ぶ取締役が、全員シニア男性という企業も未だ少なくない。

女性は、世界の消費需要の7割を占めるといわれている。このニーズを吸い上げて経営に反映させるにあたり、現在の経営陣でよいのか。年齢、性別といった目に見える違いだけでなく、経験、知見といった目に見えない違いをも含めて、多様性に富む経営陣でないと、変化する市場に対応できない。異なる知のぶつかり合いから新たな企業価値、イノベーションが生み出される。

意思決定層に女性を増やさないと、日本は変わらない。それどころか、このまま沈んでしまうのではないか。そうした問題意識から、今、企業でトップランナーとなった女性役員はどのように新たな道を切り拓いてきたのか、どんな成長経験を経て今に至るのかを知りたいと思った。

女性活躍推進の大合唱のなか、未だ職場にはジェンダー・バイアス（社会的性差に関する無意識の偏見）の壁が残る。女性役員として社内のトップランナーとなった女性たちは、その壁をいかに乗り越えて今に至ったのか。その歩みは、あとに続く女性たちにとって大きな励みとなるだろう。

同時に女性役員の成長経験を辿ることを通して、それを可能にした職場環境も探っていきたいと考えた。これを明らかにすることで、企業の意思決定層に女性を増やしていく手がかりが得られるのではないかと考えた。

女性のキャリア形成のヒント

こうした問題意識は、四半世紀にわたり女性リーダーの取材を続けるなかで育まれてきた。働く女性のための月刊誌「日経ＷＯＭＡＮ」、日本初の女性リーダー向け雑誌「日経ＥＷ」などの編集・執筆を手がけるなかで、組織で「女性初」の役職に就いた人、また社会課題の解決に取り組むソーシャル・ビジネスを立ち上げた女性リーダーらの話を聞いてきた。道なき道を拓いてきた姿勢に感銘を受け、そのキャリア形成のヒントを一人でも多くの読者に伝えたいとペンをとってきた。私自身も、幹部会で男性のなかに女性一人という経験を幾度となくするなかで、意思決定の場に女性を増やさないといけないと痛感してきた。

女性のキャリア形成を追うなかで出会った一冊の本が、本書執筆のきっかけとなった。2002年に神戸大学の金井壽宏教授が著した『仕事で「一皮むける」――関経連「一皮むけた経験」に学ぶ』（光文社新書）である。「経営幹部にまで至るような方々が、いったいどのような〈一皮むけた経験〉を通じて、経営幹部ならではの思考法や行動の仕方を身につけたのか」という問題意識のもと、関西経済連合会が加盟企業にヒヤリング調査を行った結果をまとめたものだ。率直に語られる経験に心動かされる。がしかし、調査対象は全員男性である。女性役員らの「一皮むけた経験」とはどのようなものか、男性のそれとは違うのだろうか、海外と比べてどうか。突き動かされるような気持ちで取材を進めた。

本書のテーマである「一皮むけた経験」とは、神戸大の金井教授が編み出した翻訳語である。米南カリフォルニア大学組織・経営学教授のモーガン・マッコール氏が米国企業に勤める経営幹部に成長した経験を聞いて『Lessons of Experiences』という本にまとめている。このなかでマッコール氏は成長体験を「Quantum Leap Experience」と呼んでいる。直訳すると「量子力学的な跳躍となった経験」という意味。これを金井教授が「一皮むけた経験」という絶妙な訳としたのだ。本書では金井教授の訳にならい、女性役員の一皮むけた経験を探っていくことにする。

ところで、役員といえばごく一握りのエリートたち、働く女性の大半はそんなエリートのキャリア形成とは関係ないと思う人もいるかもしれない。

女性役員比率は、女性の活躍推進の象徴的な数字である。女性が役員に就くことで、あとに続く女性たちは希望や目標を見いだすことができる。すべての働く女性が無理なく仕事と家庭を両立して働き続けることができ、性別・年齢関係なく実力ある人が昇進して管理職に就き、その結果として女性役員が増えていく。そう考えると、女性役員を増やすための取り組みは、働くすべての女性の環境整備につながっていく。女性役員のキャリア形成は雲の上の話ではなく、あまねくすべての女性に関係するのである。

さて本書は、以下のような構成となっている。

第一章では、均等法世代から誕生した女性役員を紹介する。総合職一期生、二期生として道を切り拓いてきたことがわかる。

第二章では、役員に就いた年代が30代から50代までと幅広く紹介する。なかには短大卒一般職、地域限定職からキャリアを始めて役員に就いた女性もいる。幅広い役員への道のりを紹介したい。

第三章は、女性役員らの「一皮むけた経験」を分析し、男性と比較した。そこで見えてきた共通項から、改めて職場での女性幹部育成のポイントを考える。

第四章はドイツ編、第五章は米シリコンバレー編。女性エグゼクティブらに、同じく「一皮むけた経験」を聞くことで、先進国の共通項を探ってみた。ドイツ企業、米国企業の女性幹部育成策も日本企業にとって参考になるだろう。

第六章は、女性のキャリア形成が世代によりどう違うのか、女性課長らのキャリアから考える。併せて未だ残る女性管理職ならではの壁についても証言から明らかにする。

第七章は、女性幹部育成にまつわる5つの誤解と題して、根強いジェンダー・バイアスと女性幹部育成の関係について探っていった。

女性の方には自身のキャリア形成のヒントとして、また男女問わず企業幹部の方には、女性育成策を探るという視点でお読みいただければ幸いである。

＊1　10%の目標とされた女性役員は、取締役、監査役に、指名委員会等設置会社の代表執行役、執行役を含む

女性リーダーが生まれるとき　目次

第二章　女性役員へのルートは多様性に富む

図版・デマンド
写真・野村浩子
（166、197、207、245、252ページを除く）

（注）第一章、第二章のインタビュー内容、写真、キャリアチャートは２０１８年取材時、年齢、肩書きは２０２０年１月末時点のもの

第一章

均等法世代から女性役員が誕生

生え抜き初の女性執行役員誕生——というニュースが相次いでいる。

１９８６年施行の男女雇用機会均等法から間もなく入社した「均等法世代」の女性から、執行役員が誕生しているのだ。均等法の施行により、企業の採用門戸は開かれ、男女差なく仕事ができると多くの女性たちが希望に燃えて入社した。

だが大手企業は、男女差なく仕事を任せるといっても、従来と同じように年齢とともに給与が上がっていくコースに女性を組み込むことには抵抗があった。なぜなら、年功型賃金は「妻子を養う男性」を想定したものだから。

そこで企業が生み出したのが、将来の幹部候補として男性と同じくバリバリ働く総合職コースと、その補佐的な仕事を想定した一般職コースだ。80年代後半の総合職採用を見ると、同期で女性は1割以下という会社が多い。残業も転勤も仕事のやり方も、男性中心組織のなかで築き上げられてきた働き方を求められるなか、総合職女性は次々に離職していった。組織のなかでのマイノリティとしてのつらさに耐えかねたり、結婚出産後のキャリアプランが思い描けなかったり。「こんなはずじゃなかった」と多くの女性が職場を去った。

２０１４年度「コース別雇用管理制度の実態・指導状況」（厚生労働省）によると、

２０１４年４月時点から遡ること10年前と20年前に採用された女性総合職の離職率は、入社10年後で58・６％、20年後では85・８％に上る。女性総合職の入社20年組の生き残り率は１割強ということだ。

そこからさらに踏ん張り続けた人が50代を迎え、執行役員として活躍し始めている。本章では均等法世代の５人の女性役員を紹介する。彼女たちはどのような「一皮むけた経験」を経て今に至るのか。どのようにリーダーシップを発揮しているのか。キャリアの軌跡を追うことで、企業内の女性リーダー育成のヒントも探っていきたい。

48歳で邦銀初の女性トップに

野村証券　営業部門企画統括　専務執行役員
鳥海智絵さん（54）

野村証券専務執行役員の鳥海智絵さんは、48歳の若さで野村信託銀行の社長に就任、邦銀初の女性トップとなる。２０１８年春、野村証券に戻り専務執行役員に就いた。

「ごみを拾ってはファイリングしていました」

鳥海さんは、新人時代を振り返ってこう笑う。１９８９年に女性総合職二期生として野村証券に入社した。女性総合職として「鳴り物入り」で入社したものの、従来の一般職（当時）とともに机ふきといった雑用もこなさなくてはいけなかった。机をふき、ごみ掃除をしながらも、鳥海さんは目を光らせていた。机の上の本をみては「先輩たちはこんな本を読んでいるんだ」と書名をメモ。ごみ箱やコピーの仕損じから、会議資料や商品説明のコピーをみつけては拾ってファイリング。こうして知識を蓄えていった。

部下は全員年上の男性

２０１４年、48歳の若さで野村信託銀行社長に就任。邦銀初の女性社長として話題になり、メディアからの取材が殺到した。腹をくってあまたの取材を受けたことで、野村信託銀行の名がテレビや新聞、雑誌に躍ることになる。

とはいえ、最初に辞令を受けたときは驚いた。自分よりはるかに年次が上の先輩幹部が就くポスト、48歳での抜擢は異例だった。部下となる部長も役員も、全員自分より5歳以上年上の男性ばかり。「ものすごく気を遣いました」と、正直に当時を振り返る。

　最年少役員にして経営トップ、どのように采配をふるったのだろう。「社員５００人の小さな会社。すべて社長がみようとするとマイクロマネジメントになってしまう。そこで、基本は任せることにしました」。毎週の会議で報告はタイムリーに上げてもらう。それを前提に、それぞれの役員に任せ、自らは社長専権事項に注力することにした。

　グループ会社の子会社社長は、人事とリスク管理が重要な役割と心得ていた。なかでも重要なのはシステムのリスク管理だと考え、ここはしっかり見ようと「とにかく勉強した」。ＩＴ用語がわからないところから本を読み、専門家にアポをとって解説を仰いだ。どんな仕組みで、どのようなリスクがあるのか、規制はどうなっているのか、徹底的に勉強をして、知識を蓄えたうえで判断を下したという。「わかったうえで判断する」、これが年上の役員らの信頼を得ることにつながる。

　幹部社員のみならず、一般社員とのコミュニケーションにも心を砕いた。野村証券からの出向社員もいれば、プロパー社員もいる。多様な社員がいるなかで、組織の方向性と目的を明確に伝えることを意識した。社内報をつくり、毎回コラムを自ら執筆。管理職以上が集まるマンスリーミーティングでは、必ず最後に自らが話す時間を設けた。

創業25周年を控え2017年には、企業理念を全社員で共有するために、ボトムアップを試みた。現場の社員からキーワードを出してもらい、それを吸い上げて役員会で議論して行動指針を作成。それに沿って、社員一人ひとりが「私こうします！　宣言」をメールの署名の下に必ず入れるようにした。経営理念に日々触れてもらい「わがこととしてもらう」ためだ。メール署名欄に入れるとなると、ほかの社員への「約束」として実践しなければという気持ちも強くなる。もちろん、鳥海さんも率先してメール署名欄にメッセージを入れた。当時の鳥海さんのメール署名欄を見ると「不得意なこと、面倒なことを厭わず、企業理念を体現するための仕組みづくりに日々取り組みます」というメッセージが添えられている。

過去最高益を計上

社長に就任して2年目、野村信託銀行は過去最高益を計上する。野村グループの強みを生かす戦略が、ビジネスを伸ばす一因となった。「銀行単体で収益を大幅に上げるのは難しい。証券会社との連携を深めて、グループ内でもっと銀行を活用してもらおう」と考えた。そこで、証券会社の支店を回る営業チームをつくる。証券会社出身の役員自らドアノックをして、若手社員を連れて支店長を訪ねた。訪問を重ねるうちに、若手社員がかわいがってもらえるようになり、パイプが太くなっていったという。

さらに、証券グループの銀行ならではの商品拡販にも力を入れた。野村証券の顧客に対して、投資信託や株式を担保にして不動産やクルマのローンを組む有価証券担保ローンの認知度アップに努めたのだ。証券会社の各支店に、このローンは使えるという認識を広めていった。さらには今後の市場拡大をにらんで、２０１５年から遺言信託も手がけ始めた。

こうした戦略も功を奏し、過去最高益を計上したものの「私の手腕ではない。マーケットに助けられた」と謙遜する。「人件費を見直したことも大きい」と重ねていう。市場の風が吹いたことも幸いしたが、社長としての舵とりが成果に結びついたことは間違いない。しかし、手柄話として語らないところに、鳥海さんの人柄がみてとれる。

証券会社から子会社銀行トップへ。経験のない銀行業務で社長としての采配をふるうなか、これまでさまざまな局面で蓄えてきた経験、知識が生かせると知ることになる。ひとつは、企業派遣により米スタンフォード大ＭＢＡコースで学んだことだ。

「ビッグピクチャーで見ろ」というスタンフォード大時代の教授の口癖を社長になって思い起こした。さまざまな情報を集めて分析し、判断をする。ビジネススクールで数多くのケースタディで学んだ「ものの考え方」が、トップとしての経営判断に役に立つことに気づく。組織論も統計分析も、一通り経営判断に必要なことは学んできた。土地勘のない分野はひとつもない。「それまでＭＢＡは実務であまり役に立たないと思っていましたが、20年後に経営トップとなり、初めて役に立つことに気づきました」と苦笑する。

ＭＢＡ留学での最大の収穫は、自分を相対化する視点だと思っていた。スタンフォード大に身を置いてみると、「野村証券という存在は世界で見ると何ものでもなく、日本も何ものでもなく、世の中には素晴らしく優秀な人たちがたくさんいる」ことを体感した。

野村証券というガリバー企業にいる、自分は何かできるという錯覚を抱いていたと気づき、鼻をへし折られる思いがした。そんな一皮むける経験は、それはそれで貴重だった。しかし、それだけではなかった。経営者として必要な知識スキルをしっかり体得していたのだ。

マイノリティの視点

39歳で抜擢された社長秘書、そして44歳で就いた経営企画部長の経験も、経営トップになってから生きてくる。

社長秘書時代に仕えた古賀信行社長（当時）は、部下に具体的な指示を何もしないタイプ。

そこで自分で考えるしかない。「もし自分が古賀さんなら、こんな情報が欲しいのではないか。自分がここでスピーチをするなら、どんな情報が欲しいだろうか」と社長脳になって頭をひねった。もし社長なら何をしてもらうと嬉しいか。社長の立場に立って、役に立つことを必死に考えて実行した。経営トップの思考法をシミュレーションしただけではない。「人の立場に立って考える」ことを学んだことが、後々「もしも上司なら」「もしもお客さまなら」と人の立場に立って考えることにつながったという。

さらに経営企画部長時代は、渡部賢一社長、そして永井浩二社長と2人の経営者の間近で仕事をすることになった。タイプの違う3人の経営者には、それぞれいいところもあれば、どうかなと思うところもあった。それぞれのよさを、社長になってから思い出すことになる。共通して学んだのは、人をよく見るということだ。役員、部長クラスの部下とよく話すのは当たり前のこと。さらに下の役職の部下にまで心配りをして、声がけをする。そして短い会話のなかで、その人物をよく見極めていた。

もうひとつは、断片的な情報から物事を組み立てる力だ。一つひとつの情報を結びつけて大きな絵を描く想像力がある。時間軸、空間軸で大局的にものごとを見る。社長にレポートをあげたときに「こっちは大丈夫なのか」といった問いかけをされて、「申し訳ありません、それは見ていませんでした」と答えたことが度々あった。先まで見通す目がこのときに育まれたように感じている。

ところで、社長になってからも「成長実感」というものがあるのだろうか。不躾な質問をしたところ、しばし考えたあとに、丁寧な答えが返ってきた。「あらゆるところに目を配って、組織に責任をもつことは、いい経験となりました」。ここまでは、想像に違わない答えだ。その後、意外な言葉が続いた。

「(グループで)中核でない企業に身を置くことで、貴重な視点を得ることができたと思っています」。これは、どういう意味か。それまで野村グループのなかでも中核企業である野村證券で仕事をしてきた。そこで「真んなかにいると見えないことがたくさんあることに気づいた。マイノリティのメンタリティをもってみると、マジョリティの問題点がわかる」というのだ。「女性というマイノリティ、そして非中核企業というマイノリティ、こうした視点をもって経営を担うことは、これから重要だと思っています」。経営に多様な視点が求められる今、こうした経験は今後、鳥海さんの強みとなるだろう。

「女性でなければ、今のポジションに就いていなかった」

鳥海さんのキャリアには、「女性初」という冠がついてまわる。社長秘書に抜擢されたときは「なんで女が（エリートポストの）社長秘書をやるんだ」という声も聞こえてきた。事実、自身も「なぜ私が……。営業で目覚ましい成績を上げた人が就くポストなのに」と思ったという。このとき、自身は「女性登用を進める」という会社のメッセージだと受けとめた。鳥海さんが社長秘書に就くと同時に、４人の総合職女性が支店長や部長などに抜擢されたからだ。

さらには課長の昇進も遅れていたのに、飛び級で46歳のとき執行役員に昇進。48歳で野村信託銀行の社長に就任。そして２０１８年春、営業経験なくして１万人の部下を率いる野村証券営業部門の企画統括専務執行役員となった。いずれも、異例の抜擢である。

「我が社が実力主義であるのは事実。そして同期に比べて劣っているとも思わない」としたうえで、それでも「女性でなければ、今のポジションに就いていなかったのは事実です」と、あっさり笑顔でいい切る。

こう笑顔でいえるようになったのは、実は最近のことだ。女性初、女性役員、女性社長と、昇進昇格する度に「女性」という枕言葉がついて回り、違和感を覚えてきた。「簡単にはいい表せない、きれいごとではすまされない、ものすごい葛藤のなかで、女性であることを考え抜いてきた」という。

「後輩のために辞められない」

入社してまず貼られたレッテルが「女性総合職」二期生。総合職の同期３００人のなかで女性はわずか７人。パイオニアとしての期待も大きく、何かといえば注目された。「ものすごく肩に力が入っていた」のも当然だろう。

入社して就いたのは、転換社債ワラントのトレーダー。バブル絶頂期の入社で、朝６時から夜９時過ぎまで、トイレに立つ暇もないほど忙しかった。トイレに駆け込んでも名前を呼ぶ声が追いかけてくる。ついに社員寮に戻っても、名前を呼ばれている感覚に悩まされるようになる。その頃は、自分の仕事の意義が理解できず「船底を掃いているような気分だった」。でも辞められない。女性総合職として期待されて入ったのに、今辞めたら「だから女はダメだといわれてしまう。後輩のために辞められない」と思い詰めていた。

そうこうするうちに、バブルがはじけた。仕事に余裕ができ、本を読む時間ももてるようになった。その間も、冒頭に述べた通り、ごみ箱に先輩社員が捨てた書類を拾ってはコツコツと学んでいた。すると、3年目が過ぎた頃から、自分の仕事の意義が少しずつ見えてきた。自分の扱う商品がマーケットをつくり、発行企業の成長に寄与していることが理解できるようになったのだ。ふと気づくと、船の甲板に出たように視界が開けていた。

次に女性であることを意識したのは、30歳で結婚してからのこと。仕事と家事を完璧に両立しようと思い、夜8時には急いで帰宅して夕飯の用意をした。「ああ、思い切り残業がしたいな」と内心思いながらも。留学先で知り合った夫とは対等な関係だったから、「先に帰ったほうが夕飯の準備をしよう」というのが基本ルールだった。しかし、早く帰って自分が夕飯をつくろうという思いがどこかにあったのだ。この経験から意外なことに「やはり家事は女性の仕事、というジェンダー・バイアスが強かったことに気づいた」という。

ところが、そうした生活は長くは続かなかった。双方ともに忙しくどんどん帰宅が遅くなり、ついには夕食が夜10時半以降になった。さすがに諦めて「できないことは無理をしない」と2人で決めたという。

再び「女性」を突きつけられたのは、銀行社長になってからだ。取材が殺到するなかで、必ず聞かれる質問が「女性活躍をどう思うか」「女性社長としての抱負とは」——。女性でくくられることに抵抗を覚え、自分自身、繰り返し「なぜ」と心のうちで問い続けた。

そうして出した答えはこうだ。進む方向が明確な高度成長期は、男性中心の同質集団のほうが経営効率がよかった。しかし今は違う。進む方向が定かでなく、組織に多様性が必要である。そのひとつが女性である。これが鳥海さんという女性役員が、そして女性社長が誕生した意義である。

2018年春、営業未経験ながら、本社で専務執行役員として営業部門を率いることになった。「今までと同じことをしていてはいけないという危機感が、女性を登用することにつながった」と考えた。ならば、従来とは異なる視点で、おかしいと思うことは口に出して、変えていったほうがいい。こう腹をくくり、部下に対して「なぜ、このようにするのか」「どんな意味があるのか」と繰り返し問いかけている。

キャリアのスタートからごく最近に至るまで、「女性初」というレッテルから逃れることができなかった。レッテルがあるゆえに、あるときはつらくても仕事を辞めないバネとなり、あるときには従来の仕事とは違う角度から見るうえでの強みとなった。女性初のレッテルを引き受けて、自分なりに消化して納得するまでに、30年近くの月日が必要だった。

実は筆者は鳥海さんが執行役員に就いて間もない頃に、一度インタビューをしている。その時の硬い表情から一変し、柔和で明るい表情になっていることに驚いた。5年以上もの間、女性幹部として抜擢されることの意味を考え抜いてきたのだという。その答えを自分なりに導き出した鳥海さんの表情は、実にさわやかだった。「リーダーはいつも明るくなければいけない」。最近これを肝に銘じていると、最後にまた笑顔を見せた。

「スポンサー制度」と「メンター制度」

鳥海さんのキャリアの軌跡を辿ると、一皮むけた経験は、およそ4回挙げられそうだ。いずれも脱皮経験を通して、視野が一気に広がっている。

はじめは入社数年の「船底を掃いているような時期」から船の甲板に上がったような経験。その間、こつこつと先輩のごみ箱から資料を拾っては勉強を重ねてきたことが、仕事の意義を見いだす成長につながった。

2つ目は、米スタンフォード大留学経験だ。野村証券、そして日本を相対化する視点を獲得する。ここでの学びは20年後に社長になったときに生かされる。

3つ目は、社長秘書、そして経営企画部長時代に得た、社長の目線である。古賀氏、渡部氏、永井氏という3人の社長のもとで働いた経験から、経営者脳を育んでいった。

4つ目は、関連会社の社長就任である。野村証券というグループ中核企業においては見えなかったものが見えてきた。女性に加えて、非中核企業というマイノリティ目線を得たことは、経営者としての強みとなるだろう。

鳥海さんの軌跡からもわかる通り、成長するとは「視野が広がる、視点が上がる」ことでもある。今、女性幹部育成を急務とする野村証券では、こうした経験を積ませる施策として、スポンサー制度とメンター制度に力を入れる。

メンター制度とは、直属の上司ではなく斜め上の上司がメンターとなり、仕事の相談にのったり、私生活との両立を助言したりして教え導くものだ。これに対してスポンサー制度とは、メンタリングにとどまらず、より積極的なポジション「引き上げ」に力を入れる。

２０１０年代に入り米国を中心に、女性の幹部育成にはメンタリングだけでは不十分だとして、昇進を手助けするスポンサーシップが必要だという考えが広まった。スポンサーは、本人に対して昇進のアドバイスをするのみならず、「彼女はこのプロジェクトで成果を上げている」「彼女はこのポストにふさわしいから昇進させるべきだ」など、社内外に対しての宣伝搭となる役割を担う。

こうした役割を組織が指名するのは、不自然だという声も聞かれる。確かに不自然だ。しかし女性は男性に比べて、組織の内外で自然にメンターやスポンサーをみつけることが難しい。そこで過渡期の策として、組織がメンターやスポンサーを指名して幹部候補の女性につけることで女性の幹部登用を後押ししようというのがこの制度だ。日本では外資系企業各社が導入を進めているが、日本企業での導入はまだ珍しい。

野村証券では２０１０年に、女性を対象にスポンサー制度を始めた。現在は40代前半の次長級の女性を部店長、さらには役員に引き上げることを目的に運用を進めている。全15カ月のプログラムで、役員がスポンサーとなり昇進に向けてのアドバイスを行う。同時に2カ月に一度コーチをつけて、本人自ら目標に向けて行動を起こすことを後押しするコーチングを行う。

15カ月の期間中には、2回の昇進機会がある。これまでにプログラム参加を経て部長や支店長に昇格した人も出てきているという。効果は様々な面で見られる。期間終了後も、「面倒をみてもらう」関係性が続いたり、他部門の役員から指導を受けることで部門を超えた交流が生まれたり。スポンサーとなる役員の間で、幹部候補となる女性社員が「可視化」された効果も大きいという。

同じく２０１０年に始めたメンター制度は、おもには30代後半の課長級の女性を対象とする。権限があって部下をもつ、いわゆる課長ポストに就く女性を増やすことが目的だ。本店から始め、現在は全国の地方支店も対象とする。月1回のメンタリングを受けるために、地方支店から出張してくる人もいる。

両制度の対象者は、人事部門が現場部署の意見も聞きながら推薦する。なかには、声がけをされたとき「なぜ女性だけが対象になるのか」と違和感を訴える人もいる。ところが、メンタリングやスポンサーシップを受けるうちに次第に前向きになっていくという。メンター制度の対象者には、地域限定職から全国勤務型へコース変更をしたり、東京転勤を願い出たりする例も出てきたという。

女性マネジャーは2019年4月現在で、518人。2016年からの3年間で約4割増えている。鳥海さんが「だから女性はダメだ」といわれないようにと踏ん張って拓いてきた道は地ならしをされ、後輩たちが次々後に続いている。鳥海さんが今懸念するのは「(恵まれた環境や仕事を)与えてくれないと不満に思う人が出てきた」ことだ。「与えられた仕事を漫然としていてはいけない。自分からとりにいかなくては」。鳥海さんは、後輩たちにこう発破をかけている。

鳥海さんのキャリアの軌跡

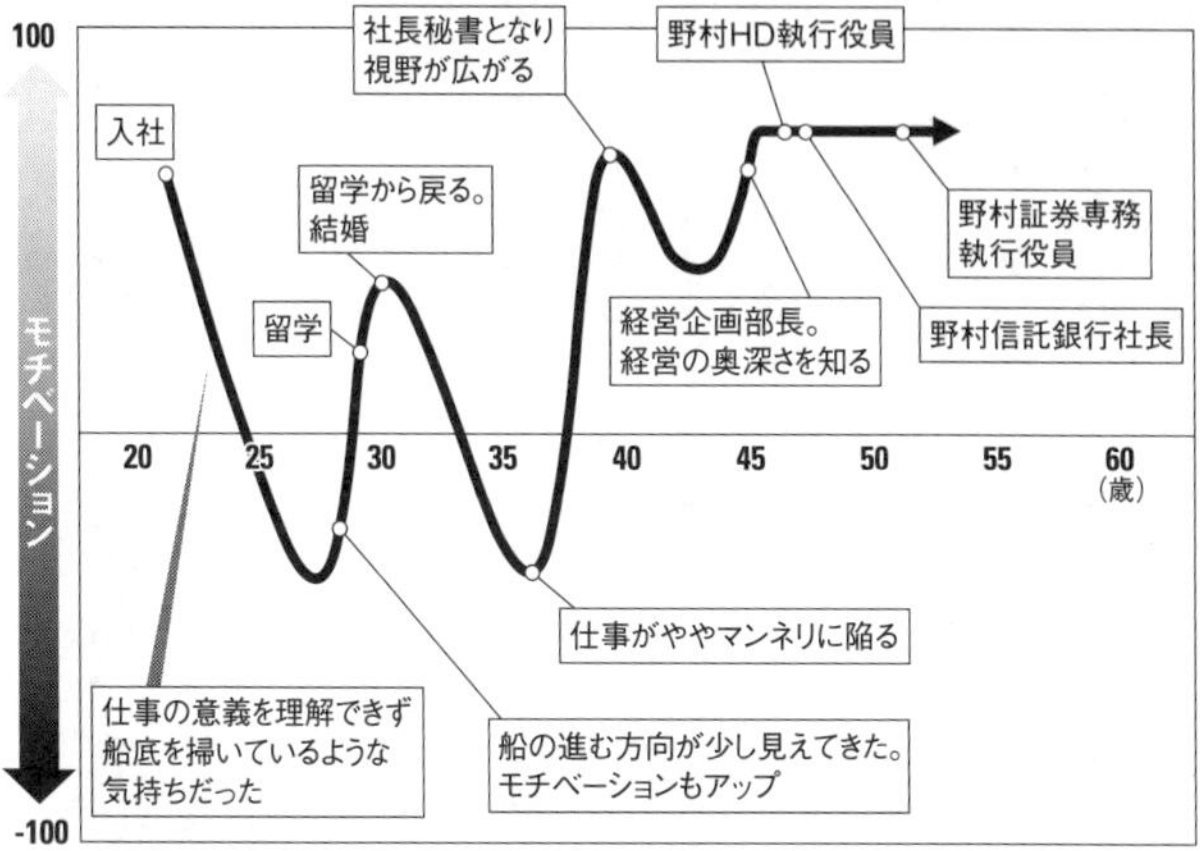

鳥海智絵（とりうみ・ちえ）　1965年生まれ。89年早稲田大学卒、野村証券に女性総合職二期生として入社。転換社債ワラント部に配属される。94年、米国スタンフォード大留学。帰国後、資本市場部、エクイティ部などを経て、2005年社長秘書となる。その後、キャピタル・マーケット部を経て、10年経営企画部長、12年執行役員。14年に野村信託銀行取締役兼代表執行役社長となり、邦銀初の女性トップとして話題を呼ぶ。18年、野村証券営業部門企画統括専務執行役員。

エキナカプロジェクトの成功、そしてヘッドハンティング

ONE・GLOCAL代表取締役社長　元カルビー上級執行役員[*1]

鎌田由美子さん（53）

JR東日本時代にエキナカ事業を立ち上げたことで知られ、48歳で上級執行役員としてカルビーに転じた鎌田由美子さん。アンテナショップ「カルビープラス」や日本中の流通菓子を集めた「Yesterday's tomorrow」という専門店を立ち上げた。２０１９年に独立するまでのキャリアの軌跡を辿ってみよう。

初夏を迎えようとする頃、青森県弘前のりんご畑の間を走る道は、ほんのりピンクがかった白い花に包まれる。青森空港から弘前市に入る通称アップル通りを車で走りながら、その光景に目を奪われていた鎌田さんの脳裏に、フランス・ノルマンディー地方のシードル街道の光景がふと浮かんだ。

2008年から5年間、鎌田さんはJR東日本事業創造本部で地域の活性化事業を手がけていた。そのなかのひとつに青森があった。「青森駅への新幹線の開通を控えて、青森で何か（地域を盛り上げる事業を）やってくれないか」と相談をもちかけられていたのだ。

仏ノルマンディーの街道をヒントに

ノルマンディーのシードル街道では、小さな農家が自家製のリンゴ酒、シードルをつくり、我が家の味を誇るかのように観光客に売っている。生のリンゴのみならず、シードルは農家にとって貴重な収入源になっている。同時に観光客にとっては、美しいリンゴ畑の景色に加えて自家製シードルを味わえるとあって、人気の観光スポットとなっていた。

青森の名産であるリンゴは、8割は生のまま出荷されているが、残り2割はほとんどジュースになり、ほかの加工品はほんのわずかだ。シードルという加工品が全国に動けば、それが地域のメッセンジャーにもなり新しい顧客層や観光客をひきつけ、地域の誇りにつながるはず。シードルを蒸留すればアップルブランデー（カルヴァドス）までつながり付加価値はさらに高まる。蒸留後「寝かせる」という時間が価値を生み価格につながる。しかもロスが出ない。鎌田さんのなかで、カチッと歯車がかみ合った。

とはいえ、ゼロからシードル工場をつくるのは簡単なことではない。青森産のリンゴでシードルづくりを研究していた弘前地域研究所に協力を仰ぎ、提携した地元の酒造会社の若手社員が研究所で商品開発を担う、まさに地元との二人三脚だ。工房の建築デザインは、インテリアデザイナー片山正通氏に依頼。洗練された建物Ａ－ＦＡＣＴＯＲＹは、製造過程が見えるガラス張りの工房に、海を臨むレストランを併設し、観光客をひきつけることとなる。

ここでつくられるシードル「AOMORI CIDRE（アオモリシードル）」は甘口から辛口まで３種類、青森産のふじとジョナゴールドの旨みが詰まった洗練された味わいだ。ノンアルコールのアップルソーダも含め、発売から10年経った今も販売は好調だという。この成功をみて、追随してシードル工場をつくる動きも出てきた。地元の結婚式では、シードルで乾杯するケースも増えたという。まさに、青森の特産品、そして地元の誇りを生み出したわけだ。

ＪＲ東日本でエキナカを生み出したことで知られる鎌田さんだが、実はこうした地域活性化事業は、エキナカを上回る充実感だったという。それは、なぜか。少し時計の針を巻き戻しながら、鎌田さんの「一皮むけた経験」を紐解いていこう。

「駅再生のためプロに学びたい」

1989年、国鉄民営化後初の大卒採用社員として、JR東日本に入社した。ときはバブル期で世の中が浮き立っていた頃のこと。小売りでは百貨店が王者として君臨しており、JR各社はそれぞれがどこの百貨店と提携するのか検討していた。駅ビルは利便性こそ高いものの「下駄ばきビル」と揶揄されており、有名ブランドには見向きもされていなかった。

鎌田さんは、駅、百貨店、文化施設を融合する新規プロジェクトのチームに配属された。百貨店の現場を知りたいと、配属1年ほどで手を挙げて百貨店への出向を願い出た。出向先の横浜そごうで2年間、レジ打ちの現場から友の会の運営、外商までみっちり学んだ。

いざJR本社に戻り経験を生かそうと思ったところで、バブル崩壊の影響もあって百貨店との提携計画は凍結となった。駅ビルからファクスで送られてくるデータを入力して日報をつくる日々が始まった。他部署の同年代の友人らはどんどん仕事を任され、同期にはMBA留学をする人もいた。それぞれが明確に目標を定めてキャリアを重ねているようにも見え、悶々とする日が続いた。

しかし、諦めなかった。「(今)できないなら、できるまで頑張ろう」と思った。どうやら

20代のうちから、鎌田さんの辞書に「諦める」という文字はなかったようだ。

臥薪嘗胆の時期を経て、29歳の時チャンスが巡ってきた。阪急と提携して立川駅に小型の百貨店スタイルの商業施設をつくる計画がもち上がり、そのチームに加わることになったのだ。このとき誕生したグランデュオ立川は、ＪＲ東日本としては初めての百貨店事業になる。ここで、売り場運営のマネジャー、課長職を経験し、店舗管理のノウハウを身につけることになる。

35歳の時、思わぬチャンスが訪れる。のちのエキナカを開発することになるプロジェクトにチームリーダーとして異動、無からアイデアを構築することになる。ここから、「一皮むける」ことにつながるエキナカプロジェクトが始まった。いうまでもないが、そごうへの出向経験、グランデュオ立川立ち上げと、基礎固めができていたからこその飛躍のチャンスである。

縦割りの大組織を根回し

「通過する駅から、集う駅へ」というコンセプトは、中期経営計画で決まっていた。「ステーションルネッサンス」を掲げ、駅を最大の経営資源として捉えて、ゼロベースで駅スペースの在り方を見直していくという。しかし、中身は何も決まっていない。とにかく与えられたお題は、「新しい駅づくりを考えろ」というもの。

まず始めたのは、駅の現状把握。朝4時台の始発から夜12時過ぎの終電まで、師走の凍てつくなかで3日間、駅に立って人の流れを観察した。まるで雑踏のなかにいるように、利用客がまったく立ち止まらないことにショックを受ける。施設に目を向けると、売店といえばキオスクのみで、空調もきいておらず照明は蛍光灯ばかり。トイレにいくと異臭が鼻につく。立ち食いソバ店は、女性には入りにくい。

こうした駅のマイナスを一つひとつ潰していくことからエキナカプロジェクトが始まった。間接照明にしたい、空調をつけたい、トイレをきれいにしたい、床のデザインを変えたい……これらを実現しようとすると、担当部署がすべて異なる。しかも仕様変更は、副課長である鎌田さんは出席できない部次長会議で決められる。

上司である取締役部長に会議に出席してもらい、社内調整をしてもらった。「清掃はどうするのか」「電球はだれが替えるのか」といった細かな課題の提示から、「そもそもどんな駅にしたいのかわからない」「データをもってこい」という要請まで、疑問が噴出する社内中を根回しや調整に走り回った。社員7万人を超える大企業の縦割り組織の論理を思い知らされた。

何しろ巨大な組織で、長年続いた「駅のルール」を塗り替えるのは、並大抵のことではない。駅のトイレの清潔感や快適性を上げていきたいと、百貨店のトイレを徹底的に調査した。また、エキナカの空間としての統一感をはかるために、駅構内に広告を掲載しないと提案したときも紛糾した。エキナカをつくることで駅の価値が上がり、駅全体の広告掲載料が上がると訴えた。

一方で、わずか3人でスタートしたチームが組織として大きくなるにあたり、「グループ企業からの公募」を役員に提案した。「ステーションルネッサンス」はJR東日本挙げての大プロジェクト。ならばグループ会社も総力を挙げて取り組むべきだと訴えたのだ。当時の事業責任者であった副社長に頼み込み、「若い力を結集させてください」とグループ会社に協力を仰ぐ「一筆」を書いてもらった。こうして、自ら手を挙げた、やる気のある若手社員が集まってきた。

さて、問題はグランドデザインの具体化である。「自分たちが買いたい、欲しい、食べたい店」に出店してもらう。しかも経済効果が上がらなければならない。

出店依頼をするにあたっては、これぞという店をメンバー全員で足で探した。渋谷の雑居ビル上層階にある、かにチャーハンで有名な店の店主を口説き落としたこともあった。評判のいいケーキ店は１００店舗以上当たった。メンバーが買い集めて会議室で食べ比べ、有名ブランドにとらわれず、皆がおいしいと評価した店に足を運んで交渉した。「１００個食べたなかで、御社のケーキが一番おいしかったから是非出店していただきたい」という言葉に嘘はなかった。

チームで共有する方向性にブレはない。しかし、まだ誰一人として見たことのない「エキナカ」への出店交渉は難航した。手分けして何百社と回るものの、10社中9社に断られる日が続いた。「(駅構内で出店するには) 労働環境が悪すぎる」「ブランドイメージが崩れる」というのだ。それでもチームのメンバーは諦めなかった。

エキナカ完成の予想図を見てもらい、「駅が変わります」と、とにかく説得をした。「新しい駅づくりをするために、御社の力をぜひ貸してください」「私たちが呼び込みをしますから」といった言葉に、「最後は『根負けしたよ』という店が半分くらいでした」と笑う。

売り方にもこだわった。青山フラワーマーケットの小さなブーケを斜めにラックにかけて売り出すギフトボックスは飛ぶように売れた。紙箱に入れたまま花のアレンジメントを陳列し、男性客が選ぶときも運ぶときも抵抗がないように工夫した。スイーツの平均価格は５０

0～1200円、百貨店での販売価格より抑えて、POPやプライスも大きく見やすいものにした。こうした販売方法は評判を呼び、その後都内に広がっていった。このように、鎌田チームが編み出したヒット商品は数知れない。

39歳で子会社社長に

上司の背中から学ぶことも多かった。プロジェクトスタート当初の直属の上司だった、事業創造本部の取締役担当部長、新井良亮氏（現ルミネ相談役）は「日和らない部長」だった。旧国鉄に入社し機関車の現場からのたたき上げ、ノンキャリア組で、JR東日本の副社長にまで上り詰めた実力派である。厳しいが仕事の任せ方が上手で、腹がすわっていた。

その上の上司は、のちにりそな銀行に転じて会長となった、副社長の細谷英二氏。りそな銀行の経営を再建し、ダイバーシティ推進を牽引した名経営者である。そして当時の社長は、大塚陸毅氏。国鉄の分割・民営化を総裁秘書、財務部長として支え、社長就任後はSuica（スイカ）を導入し、さらにはエキナカを成功させたことで知られる。「これに投資しても会社は潰れないぞ」と鶴の一声でエキナカのプロジェクトを推し進めた姿が、今でも頭に残っている。

副社長直下の新規プロジェクトチームのため、副課長であった鎌田さんの上には、課長も、次長、部長もいなかった。直属上司は取締役担当部長。上司の新井氏について「メモとり」として役員会への出席が許されたこともあった。35歳という若さで、経済界に知られる名経営者の采配に間近に触れ、大局観を学ぶこととなる。

こうした背中を見ていたからか、エキナカ事業を担う子会社の社長に39歳という若さで抜擢されたときは、「私には無理だと思います」と思わず口にしてしまった。後にも先にも「私には無理」といったことはない。一晩考えて、翌朝また上司に「無理だと思います」とできない理由を並べて申し出たが、「人間いくつになっても初めてのことがあるものだ」と説き伏せられたという。

２００５年3月に、初のエキナカ「ecute（エキュート）大宮」がオープン、6月に子会社社長に就任し、10月には「エキュート品川」を出店した。大宮開業3カ月前の年度末納会のとき、まだ出店する店舗が決まらず空白の区画があり、年末の締めの挨拶をした後に取引先交渉に向かった。メンバー全員、開業準備で奔走する。息つく間もなく２００７年には「エキュート立川」を開業。「念ずれば通じる」「為せば成る」が信条と聞くと、鎌田さんの言葉だけに説得力がある。

とにかく元気で明るく、よく喋る。そして、いつもどこか「思い」を感じさせる。「志」がある。だからこそ、部下は奮起し、周りは応援したくなるのだろう。

部下に対しては、「こうした駅をつくりたい」と進むべき方向性を示して、決して諦めないリーダーとしての姿を見せてきた。出店候補を絞る会議は、スタッフの間で「地獄のＭＤ会議」と呼ばれていた。「有名店だから、大手百貨店に出店しているから」といった理由で提案しようものなら、鎌田さんに即座に却下される。「なぜ、その店なの？」「どこがいいの？」と立て続けに質問される。さらにエキナカにとっての意味も問われる。「あなたはそれで何がしたいの？」。提案する人の思いが伝わらないと、「提案に魂が入っていない」と鎌田さんから活が入ることもあった。

むろん、アイデアを提供したり、助言をしたりといったフォローも欠かさない。出店を断られ続けて折れそうになる部下に対しては「10社断られても、11社断られても、あまり変わらないよね」と背中を押したり、「お客さまは絶対喜んでくださる。私たちの舌に間違いはないから」と励ましたり。修羅場をくぐった部下の目覚ましい成長が、何より嬉しかったという。数年を経て「その道のプロ」となり元の職場に帰っていく姿を目を細めて見ていた。

エキナカのプロデューサーとして、メディアにも度々登場。成功譚が広く知られるようになったある日、突然、本社に戻る辞令が出る。

エキナカから地域活性化事業へ

本社に戻り手がけることになった仕事は、地域活性化と子育て支援に関する事業。社員100人以上を率いる子会社の社長から、本社経営戦略部門のチーム5人の部長となり周りからは異動を驚かれたが、本人は冷静に受けとめた。後輩は育ってきており、考える時間がもらえることはチャンスだと思った。子育て支援事業の拡大に舵を切り、同時に地域活性化チームを立ち上げた。そこでの仕事が腹落ちすることになる。エキナカ事業は、むろん嫌いではなかった。しかし、一生これをやるのかと問われると、首をかしげる自分がいた。もっと公共性の高い事業で、社会に貢献したいといった気持ちが強かったのだろう。

手がけた事業の一例が、冒頭に紹介した青森でのシードルづくりである。日本の地方には、すばらしい資源がある。地方を元気にするために、まだまだできることがある。大きな産業でなくてもいい。小さくても継続できる雇用を生み出し、観光客を呼ぶような魅力的な産業を生み出すことができれば、日本の地方はもっと豊かになるはずだと考えた。例えば鳥獣被害とも連動する、ジビエ。イノシシやシカの加工場もなければ、どんなポーションに分けて、どのように売れば流通にのるかなどのノウハウも少ないが、目をこらせば人材はいる。こうした知見のある人が地方で知恵を絞れば、ジビエの産出で潤う地方もあるのではないか。

地域活性化のために、越後湯沢の駅再生、地方の物産を集めた店舗「のもの」開店など、次々に新しい事業を立ち上げた。また駅型保育園を核にした子育て支援事業も拡大し、沿線価値を高めることに取り組んだ。

エキナカ成功とは違う意味で、さらに「一皮むける」こととなった。いつしか「これぞ私の生きる道」と思うまでになる。そこへ再び、思いもよらぬ異動の命である。

今度は研究所への異動だった。

鉄道を軸にライフスタイル研究を行う組織で、論文執筆により評価されることになる。本人は「現場を離れたことがつらかった」「通勤が片道2時間は長すぎた」と多くを語らない。その頃ちょうど、親しかった友人を亡くした。「人生いつ何が起きるかわからない」と自身の生き方を問い直すことになる。

こうしたなかで、以前講演に招かれたカルビーの松本晃会長（当時）から、「カルビーに来てもらえませんか」と声をかけられた。むろんエキナカを成功させたことが高く評価されてのこと。カルビーで新規ビジネスを立ち上げることを期待されてのヘッドハンティングである。

「メーカーでのものづくりへの憧れ」もあって、転身を決意する。２０１５年、48歳の若さで上級執行役員として迎えられることになった。

48歳、カルビー上級執行役員に

２０１７年10月、ルミネエスト新宿店に「Yesterday’s tomorrow」という一風変わった名の店がオープンした。プロデュースをしたのは、鎌田さん。日本各地の菓子メーカー約１２０社の菓子８００点あまりを集めた店だ。人気は、店に入ってすぐの菓子量り売り「ぐるぐる」のコーナー。約２００種類もの個別包装の菓子から好きなものを選んで袋に詰め、１グラム３円で買うことができる。

「あっこのお菓子は近所のスーパーにはないよね」と、嬉しそうに菓子を手にするいがぐり頭の小学生。友人と連れ立ってきた女性客は「懐かしいねえ」と菓子を手にする。べっこう飴や、ラムネ菓子など、昔懐かしい駄菓子をついつい夢中で選んでしまう。「１円の価格競争に苦しんでいるような、地方のお菓子メーカーさんをもっともっと元気にしたい。お客さまにはお菓子の楽しさを思い起こしてもらえるような場をつくりたかった」と鎌田さん。菓子業界全体の活性化を目指している。
２０１１年に始まった、つくりたて、揚げたてのポテトチップスを味わうことができる直営店「カルビープラス」19店舗の運営も手がける。国内にとどまらず、香港に続いて、２０１８年にはマカオにも出店した。量販店にはないメーカー直営店で、国内外でファンづくりをしていきたいという。今後は、消費者と双方向のコミュニケーションがとれる仕組みもつくっていく予定だ。

鎌田さんを招いて「（社内の）空気が変わった」と松本晃元会長は言う。新しいものを探して、社外に、そして海外にもすぐに飛び出していく。（全国の支社工場を経営者が回る）タウンホールミーティングでも、鎌田さんはよく喋る。「えっこんな人がいるんだ」と社員は驚いていたという。

新天地に転じて手応えを感じている。「カルビーの強みを生かせば、未来に向けて新しいビジネスが生み出せる」と、鎌田さんは力強い口調で語る。

女性幹部のヘッドハンティング

女性幹部がヘッドハンティングで他社に移る動きが出てきている。リクルートエグゼクテイブエージェントのディレクター、渡部洋子さんによると「社外から役員候補となる人を招くにあたり、できれば女性が欲しいというケースが増えている」という。

松本元会長は、鎌田さんを引き抜いた事情をこう語っている。「仮に男性だったとしても、あれだけの実績があれば引き抜いていたかもしれない。しかし、女性の幹部を増やしたいという会社の方向性に合っていたことは事実です」（日経ビジネスオンライン、２０１６年2月10日）

男女を問わず、経営陣として欲しい人材の要件に変わりはない。しかし今、女性役員を増やそうという流れのなか、女性ならなおいい、という企業は少なくない。

こうしたヘッドハンティングの話を受ける、女性管理職の意識にも変化が見られる。「人生１００年時代といわれるなか、少なくとも70歳くらいまで働きたい。そう考えると、今のまま一社で積み上げてきた、一本足のキャリアでいいのかと不安をもつ人が出てきている」と渡部さんは言う。現在勤める企業よりも、少し規模が小さくなっても中堅・中小企業で役員などひとつ上のポジションをとっていきたい、あるいは他社の社外取締役を兼務することで軸足を増やしたいという相談が増えているという。

２０１８年5月、カルビーに執行役員人事総務本部本部長[*2]として迎えられた武田雅子さん

(51)も、まさに一本足キャリアを問い直して転身を決めた。前職のクレディセゾンでは、営業、人事部門で29年活躍し、取締役まで昇進した。しかし「人生１００年と考えると、このまま1社に勤めあげていいのかと考えた」。ひとつのルール、ひとつの価値観では通用するが、果たして社外でも通用する人材なのかと自問自答。「カルビーなら次のフェイズをつくれると思った。もうひと踏ん張りしよう」と、あえてコンフォートゾーン（居心地のいい場所）から出る決意をしたという。

一皮むける経験を繰り返した女性幹部は、社内の宝であると同時に、社外から見ると欲しい人材である。女性経営層の流動化を、企業はどう生かすのか。ダイバーシティ経営の真価が問われるところである。

＊1　インタビュー内容、写真、キャリアチャートは、カルビー在籍時（２０１８年）のもの
＊2　２０２０年1月現在、常務執行役員人事総務本部本部長

鎌田さんのキャリアの軌跡

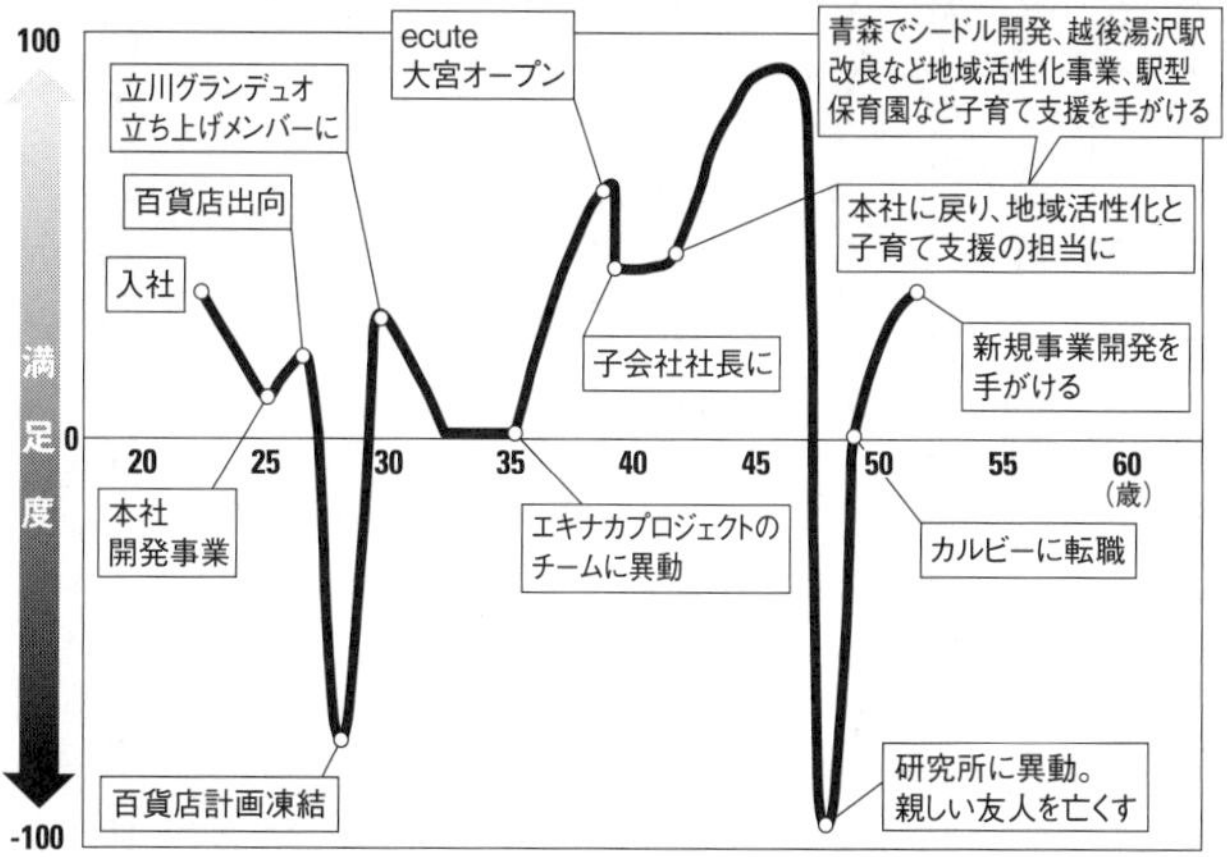

鎌田由美子（かまだ・ゆみこ）1989年東日本旅客鉄道に入社。2001年プロジェクトリーダーとしてエキナカ事業を立ち上げ、2005年、「ecute」（エキュート）を運営するJR東日本ステーションリテイリング代表取締役社長となる。その後、本社事業創造本部にて「地域活性化」「子育て支援」を担当、青森のシードル工房「A-FACTORY」や「のもの」等地産品の開発に携わる。2015年２月、カルビー入社。上級執行役員に就任。事業開発本部の本部長として「カルビープラス」などのアンテナショップや新規事業を担当。国の各種委員を歴任し、大学の評議委員や社外取締役も務める。2019年に独立、地域創生ビジネスや農産物コンサルティングを手がけるONE・GLOCALを立ち上げる。19年９月、英国ロンドンの国立美術大学ロイヤル・カレッジ・オブ・アートに留学する。

通算14年のアジア赴任——ホンダ初の生え抜き女性役員

本田技研工業　執行役員　人事・コーポレートガバナンス本部長
鈴木麻子さん（56）

２０１６年、本田技研工業で52歳にして初の生え抜き女性役員となった鈴木麻子さん。執行役員日本本部営業企画部長として、国内市場のマーケティング戦略を手がけたあと、２０１９年から人事・コーポレートガバナンス本部長として指揮をとる。

鈴木さんは、タイ、マレーシア、ベトナムなどで14年に及ぶアジア赴任を経験、中国では合弁会社の総経理（社長）として社員８０００人を率いてきた。

初めてタイに赴任したのは34歳の時のこと。最近でこそ新興国に海外赴任をする女性社員も増えてきたが、20年前、アジアの現地法人に赴任する女性社員は珍しかった。先駆けとして苦労もあっただろうが、それについては多くを語ろうとしない。淡々とした口調で語るのは、アジアの新興国でどのような姿勢で仕事に臨んだかという信条である。

「万事如意」――鈴木さんの自宅には、タイの中華街でみつけた赤い札が貼られている。これを眺めるうちに、いつしか座右の銘となっていった。もともとお祝いごとの際に贈られる札で、すべてはあなたの思い通りに事が進むという意味だ。しかし、鈴木さんは自分なりの解釈で、この札を日々眺めている。一生懸命、気持ちを込めて事に取り組めば、相応の成果が出る。もしも失敗したとしたら、気持ちが足りなかったということ。そんな戒めとして、大切にしている言葉である。アジア勤務の過酷な環境のなかで、早くも30代の頃から自分なりの哲学をもち、自らを律していたことが窺える。

マザー・テレサに感銘を受けて

アジアへの強い思いは、学生時代に遡る。高校生の頃、マザー・テレサがノーベル平和賞を受賞したことに感銘を受け、大学では法学部に席をおきながら開発経済も学んだ。インドやバングラデシュに赴き、現地の非営利団体でボランティア活動をしたり、政府機関を訪問したりもした。

自分には何ができるか――、とことん考えた。寄付や支援で成り立つ生活は、喜びにつながるのか。自らアイデアを出し、付加価値を生み出し、給料や配当などを分かち合う喜びのほうが大きいのではないか。これを起点に、何を仕事にするかを考えた。技術力のある会社で、いい商品をつくり、新興国でビジネスを展開して得た利益を、給料と納税と配当として現地の人に還元する、こうした好循環をつくり出すような仕事をしたい。そんな思いを胸に、ホンダに入社することになる。

「創って喜び、売って喜び、買って喜ぶ」、創業者の本田宗一郎が掲げたこのモットーを、アジアの発展途上国で広げていきたいと、アジア新興国の担当部署に自ら手を挙げたのは、入社間もなくのこと。欧米以外の地域を希望する社員は、さほど多くはない。入社3年目にして念願のアジア部門の配属となる。南西アジアの担当部署は、まさに「やりたいこと」をかなえるところだった。入社時に思い描いていた「途上国で豊かさを生み出す好循環」づくりの大切さが、仕事をするなかで確信へと変わっていった。

「上司の背中」

これまでの道のりを尋ねると、幾度となく「上司の背中」の逸話が出てくる。最初は、20代に東京本社で6年間経験した南西アジア担当時代のこと。ここでのちの海外赴任の基礎が築かれた。20代のうちからインドに単身出張し、現地の合弁会社の財務担当役員と相対した。海外企業の財務諸表を英文で読む力をつけ、合弁パートナー企業との交渉術を磨く。合弁会社はインドの証券市場に上場しており、上場に伴う手続きまで一通り学ぶことになる。

何より、直属の課長、そして現地の社長や副社長など上司の背中から多くを学んだ。発展途上国に進出するにあたり、日本企業は現地の人を安い賃金で雇用し儲けを出している、そんな批判もされていた頃のこと。自社の姿勢はその対極にあると感じた。「利益は最後でいい。少しずつ効率を上げていき、最後に利益を出して税金を納めることができればいい」。上司の言葉から、ホンダに脈々と流れる信条を感じ取った。

その後タイ赴任を経て、37歳でマレーシアに異動。合弁企業立ち上げという厳しい試練が待ち受けていた。ここでも、上司の姿からホンダのフィロソフィーを体感することになる。

マレーシアでは、パートナー企業が築き上げてきたものを母体として、ホンダが主導権をとって合弁会社を立ち上げるというミッションが与えられた。主導権の移行は、ときにはゼロからの立ち上げよりも、複雑で難しい交渉が求められる。販売側との契約仕切り直し、工場のホンダ側への移管など、社長以下わずか4人で手がけることとなり、営業担当として奔走することになる。

マハティール首相（当時）の号令下、自動車産業を盛り上げようとしてきたマレー人スタッフ、そして中国系のパートナー企業、ホンダ、と三者を融合させてひとつの会社をつくり上げなければいけない。ホンダの品質基準で商品を提供し続けることで、市場拡大を目指そうというのだ。

　交渉の場で本部長が先方と相対する席に同席したり、書類を準備したりするなかで、自社のメリット優先ではなく、末永く現地で愛される会社となるためには、どうしたらいいかを考えるようになる。「同じ目線に立って、相手の立場、経済的事情、面子《メンツ》、プライドまで考えて交渉する。あくまでもパートナーへのリスペクトの念を忘れない」ことを上司から学んだという。「そのプロセスは、人間尊重そのものだと思いました」。自立、平等、信頼にもとづく「人間尊重」、ホンダのフィロソフィーをまさに現場で体感することとなった。

　４人で立ち上げたマレーシア合弁会社は、今や従業員３６００人。年間10万台を生産する会社にまで成長している。現地で愛される会社となり発展を遂げている。

レールのない仕事の連続

14年に及ぶ海外赴任は、経済危機対応や、ゼロからの事業立ち上げといった、レールのない仕事ばかり。前例のない仕事を通して、危機対応力や課題解決力が磨かれていった。

最初の赴任地、タイに向かったのは1998年のこと、アジア通貨危機の直後で販売が伸び悩むなか、オーストラリアへの輸出を実現させ、何とか乗り切った。販売調整で余剰人員が出ると、研修として日本の鈴鹿工場に100人規模でスタッフを送った。解雇をせずに従業員を守り抜くという会社の姿勢を目の当たりにすることとなった。

41歳でベトナムに赴任したときにも、新たな試練が待ち受けていた。四輪ビジネス開始に向けて工場をつくり、1年3カ月後には販売開始という青写真ができており、その通りに事業を立ち上げろという命である。鈴木さんに与えられた課題は、販売網ゼロからの構築。「これからですか」という言葉が思わず口をついて出そうになった。

わずかな期間で販売店をつくらなければいけない。まずは販売店経営に名乗りを上げた人物がふさわしいかどうか、候補地での開設が可能か否か、見極める必要がある。経営者は申し分なかったものの、候補地が政府系の土地で入手できずに白紙に戻ったこともたびたび。8店開設の予定を4店に絞り込み、ようやくハノイ、ホーチミンで船出をすることができた。ゼロからの立ち上げで、鍛えられたという。

50歳、社員8000人のトップに

アジア赴任のなかで、40代のうちから関連会社の役員や経営トップを務めることになり、実践で帝王学を身につけていくことになる。

ベトナムでの新事業も何とか離陸し、次期は拡販に取り組もうというとき、今度はタイにあるアジア・大洋州本部に異動となる。地域事業企画室長という、責任あるポストに就くことになった。ホンダが生産拠点をつくると、関連する部品メーカーもまた相次ぎ現地進出をすることになる。アジア大洋州地域の本社として日本の部品メーカーの進出を手助けするため、ホンダが一部出資しコミットメントする。鈴木さんは43歳という若さで関連メーカーの役員にも名を連ねることになり、役員会に出席したり株主総会を経験したりするなかで、経営者の目線も磨いていった。

50歳を迎え、今度は中国・武漢にある合弁会社の総経理（社長）に就任する。中国企業との対等合併による会社で、当時の社員数は8000人ほど。尖閣諸島問題で日本製品不買運動が起きている厳しい状況下だった。第三工場の建設承認を得ながらも、着工を延期するといったつらい決断をやむなく下したこともある。

対等合併ゆえ、すべての経営判断は中国側トップである中国人の副総経理と連携して進めないといけない。

「毎朝、お茶を一緒に飲みましょう」

こう提案したのは、鈴木さんのほうからだ。毎朝9時からの会議の前に、何も案件がなくても20分から30分、お茶をともにする。中国語の通訳を介しながらも、会議の席ではいえないようなことまで、さまざまなことを相談することができたという。

通算14年に及ぶ海外赴任で、確かな実績を積んできた。早くから役員候補と目されており、2016年に本社執行役員の辞令が出たとき、驚く人はさほどいなかった。とはいえ未経験の分野を担うことになり、今もチャレンジは続いている。

心にいつも秘めてきたのは、父から贈られた「行雲流水」という言葉だ。自分が正しいと思うことに固執して押し進めたり、いろいろなことに抵抗したりしても物事はうまくいかない。ただし状況に流されるという意味ではない。周りの流れに敏感であることが大切だという教えだ。34歳の時から、ほぼ2年刻みで新たな赴任国で難題に取り組むにあたり、まさに「行雲流水」の心持ちで乗り切ってきた。これからも経済の好循環を生み出すことで社会に貢献する、という志を胸に、行雲流水の如くリーダーシップを発揮していくのだろう。

鈴木さんのキャリア形成は、これまでの男性の昇進ルートと全く変わりがなく、女性ならではの壁が一切感じられない。均等法世代から誕生した、新しい生え抜き女性役員像といえそうだ。その軌跡からは、女性の幹部育成に必要なことが見えてくる。

豊富な海外経験、さらには現地法人トップを経ての本社執行役員への道筋を見ると、鈴木さんが海外赴任を通して大きく成長したことが窺える。既婚の女性社員に海外転勤を命じるのは難しいとされるものの、既に結婚していた鈴木さんが34歳でタイに赴任した際には、必要以上の「配慮」はなされなかった。鈴木さん本人も、夫から「どうぞ」とあっさり送り出されたという。チャレンジ精神のある女性に「家庭責任があるから無理だろう」といった気遣いをすることで、成長の機会を奪うこともある。海外赴任により一皮むける経験を重ねた鈴木さんの姿から、先入観に基づいた一律の「配慮」を問い直す必要性が浮かんでくる。

もうひとつの大きなポイントは、「上司」である。鈴木さんが「上司の背中」から多くを学んできたことから、上司が男女分け隔てなく鍛えていたことが窺える。男女雇用機会均等法施行後、女性をどう鍛えていいかわからないという管理職も少なくなかった。いや実は、今なおそうした管理職が少なくない。性別に関係なく成長のチャンスを与える——あまりにも当たり前のことだが、今も多くの企業が抱える課題である。

鈴木さんのキャリアの軌跡

23歳　本田技研工業入社
26歳　実習、海外物流を経て、二輪南西アジア担当、続いてASEAN四輪担当となる
34歳　タイ駐在
37歳　マレーシア駐在
39歳　本社に戻り、ASEAN二輪担当
41歳　ベトナム駐在。四輪の販売網立ち上げ
43歳　タイ駐在。アジア・大洋州本部地域事業企画室長となる
46歳　本社に戻り、財務部長となる
48歳　中国・北京駐在。中国本部地域事業企画室長
50歳　中国・武漢にある合弁会社の総経理（社長）に就く
52歳　執行役員日本本部営業企画部長に就任
54歳　執行役員人事・コーポレートガバナンス本部長

鈴木麻子（すずき・あさこ）　1964年生まれ。87年に大学卒業後、本田技研工業に入社。南西アジア地区の二輪担当、ASEANの四輪担当を経て、98年、34歳の時タイに赴任する。以来、2回の本社勤務を挟み通算14年のアジア赴任を経験する。赴任先は数年ごとに変わり、タイ、マレーシア、ベトナム、中国の4カ国。2014年から中国・武漢で合弁会社の総経理（社長）に就く。16年、執行役員日本本部営業企画部長に就任。19年から執行役員人事・コーポレートガバナンス本部長。

「部長をクビ」から執行役員へ

みずほ証券　リテール・事業法人部門プライベートバンキング統括執行役員

絹川幸恵さん（55）

みずほ証券で２０１７年に女性初の役員に就いた絹川幸恵さん。１９８８年に総合職二期生として富士銀行（現みずほ銀行）に入行。１９９４年に富士証券（現みずほ証券）に異動して、育児休業も経て役員に就いた。

絹川さんは、40代前半で大きな試練を経験している。

「いったん部長を退いてもらうことになる」

上司に呼び出されてこう告げられたのだ。顔がこわばり、思わず心のうちで呟いた。

「これでもう私のキャリアも終わった」

39歳の若さで市場営業第四部長に抜擢されて4年目のことだ。自分では問題ないと思っていたことがトラブルとなり、部長として責任をとらざるを得なくなったのだ。

総合職二期生として入社して20年程、社内でもキャリア女性のトップランナーとして知られた存在だった。営業部門ではトップセールス、企画部門に移ってからは日本経済新聞の一面を飾るようなプロジェクトを手がけたこともあり、社内で一目置かれていた。ところが、この一件を機にさっと周りから人が引いていった。

「こんな理不尽なことがあるんだ」

砂をかむような思いで、不本意なポストに異動した。「仕事というのは人により支えられている」「私のことが好きで皆が寄ってきてくれたわけではないんだ」。さまざまな気づきを得ることになる。すべてを失った。今にして思えば、こうした修羅場をくぐったことで胆力がつき、役員の道へつながったと思っている。

子供の入院、夫の言葉

２０１７年に女性初の役員となった絹川さんだが、30歳で育児休業をとり復帰して間もない頃まで、どこか「腰かけ気分」があったという。子育てのために仕事を辞めてもいいかも、といった思いが頭の片隅にあったのだ。

転機となったひとつ目のきっかけは育児休業だった。連日テレビで流れるオウム事件の報道を見るうちに、「このままではダメだ」と思うようになる。1年後に復帰するときには、仕事を続ける覚悟を決め、週3回はベビーシッターを頼んで態勢を整えた。

ところがその半年後、息子が保育園の事故により入院してしまう。地方から応援にきてくれた母に日中は付き添いをしてもらい、仕事が終わると病院に駆けつけた。そのまま泊まり、朝シャワーを浴びるために自宅に戻ってから出勤する日々が続いた。

保育園の事故は、メンタルに不調をきたしていた保育士によるもの。「自分の手で育てないことには、子供を守ってあげられないのか」と落ち込んだ。母からは「仕事と子供と、どちらが大事なのか」とつめ寄られた。

仕事を辞めようかと葛藤を続けるなか、ある日夫が「僕が辞める選択肢もあるよね」ともらした。絹川さんにとって仕事がいかに大切か、夫はよく理解していたのだ。この一言で、何のために自分は仕事をするのかと自問自答した。仕事を通して社会とかかわり続けたい、お客さまにありがとうといってもらえるような仕事をしたい、やるからには100%の力で組織に貢献したい、という気持ちがふつふつとわいてきた。「仕事を続ける」と腹をくくった。1カ月半続いた息子の入院生活が終わる頃には、もう迷いはなかった。

「このままでは成長がない」

育児休業から復帰後は、債券営業部門の企画を担当した。営業計画の策定、新商品の企画やプロジェクトマネジメントなどを手がけ、ことあるごとに「絹川さんに頼んだら何でも大丈夫」といわれるほど社内で信頼を築いた。部下10人ほどを抱える課長となり、この分野のプロフェッショナルとして道を究めようかと思い始める。

そんなある日、常務から呼びだされた。

「もう一回、営業をやってみないか」というオファーだった。ちょうどそのとき、子供は小学校3年生を迎えた頃。そろそろ子育てとの両立も大丈夫ではないかと見越して、もう一度営業現場で力を発揮してはどうかという提案だ。しかも部長職に抜擢するという。「今さら営業に戻れるのか」という思いが一瞬頭をかすめたが、ひとつ上のポストにチャレンジできることは魅力でもあった。振り返ってみるに、上司は「このままでは成長がない」と見て、あえて居心地のいい「コンフォートゾーン」から引き離して成長させようという考えだったのだろう。

こうして39歳にして営業部門の部長職に就くことになる。財団や学校法人などに向けて、債券・デリバティブを営業するという初めての業務を手がけることになった。未経験分野ながらマネジャーとして結果を出さないといけない。

まず苦労したのは、ナンバー2である2人の部下が、優秀なのに仲が悪いことだった。もしも業務に精通していれば、抑え込むこともできたかもしれないが、知識不足でそれは無理。そこで、2人に十二分に力を発揮してもらわないといけない。「花形部署である市場営業第一部を打倒しよう」という仮想敵をつくり、一体感を醸成。「素人の絹川が無理難題を言うから困ったものだ」と2人に結束を促すような環境をつくった。自らは、大学の財務担当者らが出席するセミナーに参加して、名刺を配って顔を売るといった営業活動に力を入れた。

　経験不足の部門で管理職となっても、部下の力を最大限引き出すようなマネジメントを行うことで結果を出す――この経験が、のちに初めてのリテール部門、初めての支店業務で支店長となったときに生かされる。マネジャーとして「どこの部署に異動しても大丈夫」という自信をつけることになった。

あえてリテール部門に

　マネジャーとしての成長を、自らも自覚し始めたときに起きたのが、冒頭の一件だ。営業成績が伸びるなか、無念のうちに部長職を去ることになった。

部長を退くと同時に、ダイバーシティ推進室長の命を受ける。女性をはじめとする多様な人材が活躍できるようダイバーシティ推進を手がける「女性ならではのポスト」、これは絹川さんにとって実に不本意なものだった。ところが、ここでの経験が、のちのち役に立つことになる。単なる女性活躍推進にとどまらず、経営戦略として今求められるダイバーシティ推進は何かを深く学ぶことができた。これがさらに上の職位となり、役に立つことになる。臥薪嘗胆の時期を経て、45歳のときウエルネスマネジメント部で部長に復活。48歳で成城支店長に就く。「リテール部門に手を挙げてチャレンジした」という。

２００９年に、みずほ証券と新光証券が合併。大企業や機関投資家向けビジネスを中心としてきたみずほ証券と、個人や中小企業向けリテール中心の新光証券が統合するなか、みずほ証券出身の管理職としてリテール部門に出ていったのだ。リテール営業は、男性中心で女性の管理職がゼロの世界。「女性のくせに」「女が乗り込んできた」とさんざんないわれようだったという。しかし意に介さなかった。営業は数字を出せば評価される世界。実績を出せば注目されるから、女性管理職のほうがかえって有利と考えた。

48歳で成城支店長に、その2年後名古屋駅前支店長に就任。いずれも2年目に業績表彰を受けるなど、実績を上げる。2017年からは執行役員名古屋支店長として、総勢130人の支店を率いる。

　まずは「勝ちにいくこと」の意味を説いた。数字を達成することでいかにハッピーになるか、ボーナスや昇進昇格にどう影響するかを説くことで士気を上げる。商品をどれだけ売ると、どのようにポイントが上がり支店ランキングに反映されるか、いわば「ゲームのルール」を営業のみならず事務職スタッフにまで毎月丁寧に説明した。

　それ以上に大切にしているのが「仕事の社会的意義」を部下に語ることだ。金融商品がどのようにつくり出され、社会的にどんな意味があるか。「本質的な意義を一つひとつ説いていく。自分たちの仕事がどれだけ社会にインパクトを与えるか、社会に役立つものかわからないと頑張れない」からだ。過酷な営業現場にあって、数字だけでは人はついてこないことを実感している。

「楽しく仕事をしよう」が持論。むろん自分だけではなく、部下一人ひとりに楽しく仕事をしてもらいたいと心を砕く。苦しいこともあるが、楽しく仕事をしたい。ではどうしたら、楽しくなるか。「誰かの役に立っている」という実感と、やらされ感ではなく「自分がコントロールできている」という感覚が必要だという。部下にはできるだけ、自由度を与えるようにしている。ビジョンを示した後には、何をどのようにするかは部下に考えてもらう。そうした自由度を与えることが、仕事の楽しさとなり、部下の成長になると信じている。

意義ある仕事をしたい、誰かの役に立つ、社会の役に立つ仕事でありたい。息子が入院したとき、自問自答して得た答えを胸に、部下に向き合い仕事の意義を説き続けている。

執行役員に至る４つの成長ポイント

女性初の執行役員になるまでの道筋を今一度振り返ってみると、絹川さんの成長体験には４つのポイントが挙げられる。

ひとつは、育児休業と幼い息子の入院を機に、仕事を続ける覚悟を決めたこと。こうした「ライフイベント」が、キャリア形成に大きくかかわるのは女性ならではの特徴だろう。このときに覚悟を固めるうえで決め手となったのは、「僕が辞めるという選択肢もある」という夫の一言だった。子供が長期入院したときに、母親が仕事を辞めて側にいるのは普通だろうという旧来の役割分担意識にとらわれないパートナーがいたからこそ、仕事を続ける意義を深く内省することができた。それが仕事観の根幹となり、部下に向き合ううえでのぶれない姿勢となっている。

2つ目に、あえて「コンフォートゾーン」から引き離し、成長を促した上司の存在だ。育児休業から復帰後、子供が小学校3年生を迎えるまで企画部門に配属されたのは、子育てと両立しやすいだろう、という会社側の配慮もあったようだ。ところが、そのままでは成長は望めない。子育ての時期を見計らい、営業で再挑戦させるという上司の目配りがあった。

3つ目は、修羅場経験で胆力をつけたことだ。大きなトラブルで「部長をクビ」になり辛酸をなめたからこそ、見えてきたこともある。失意のなかで就いたポストも、あとで振り返れば貴重な経験となった。つらい経験で「一皮むけた」からこそ、再チャレンジの機会を与えられたときの腹のすわり方が違った。これが役員の道へとつながっていく。

最後に、合併後に未経験の分野であるリテール部門に手を挙げて異動したことだ。今度はみずから「コンフォートゾーン」から出る決断をしたともいえる。数字の見える分野で実績を見てもらおうと挑戦したわけだ。リスクの伴うチャレンジだが、それを乗り越えるだけの実力は既に備えていた。その勝負は、吉と出た。

こうしてみると、男女関係なく大きな成長へとつながる修羅場経験があるものの、ライフイベントなど女性特有のキャリアの課題もあることがわかる。女性管理職を育てるためには、こうした課題への目配りも必要だ。

絹川さんのキャリアの軌跡

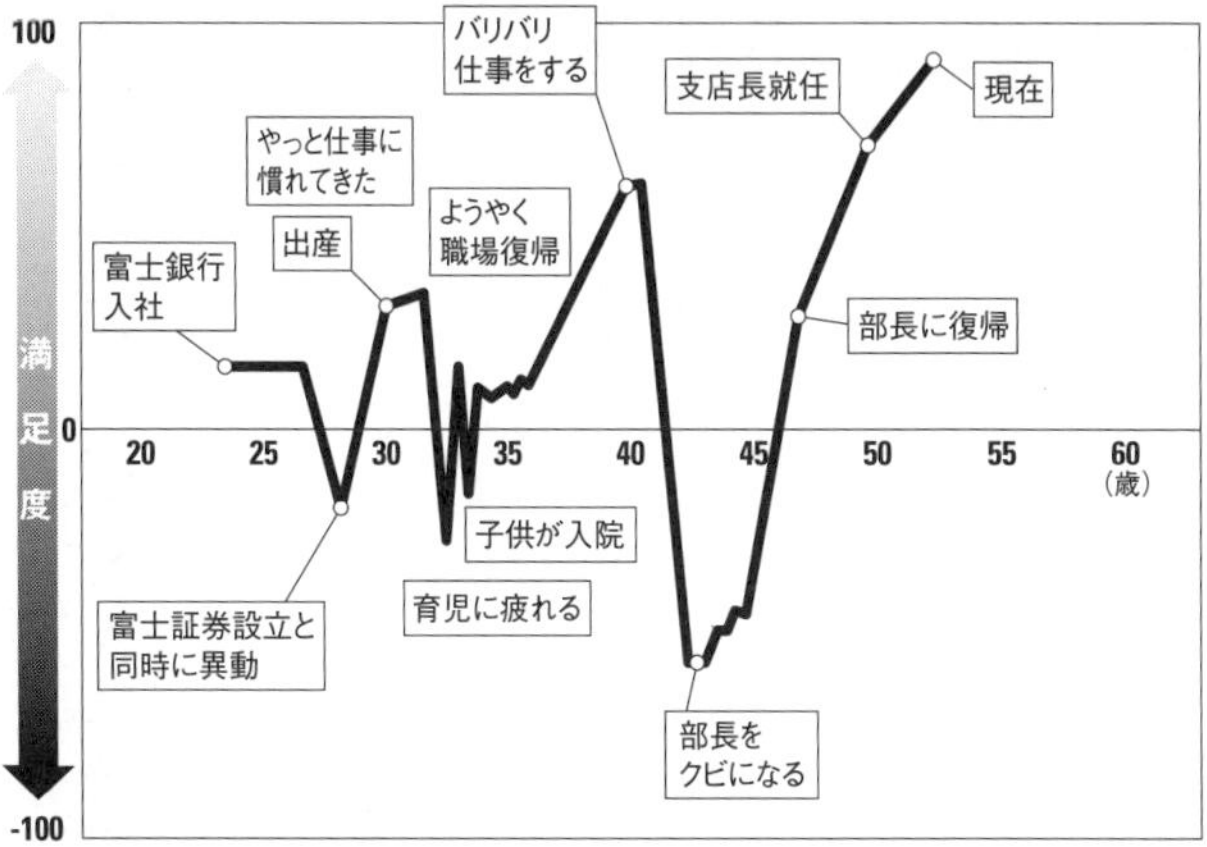

絹川幸恵（きぬかわ・ゆきえ）1988年、京都大学卒、同年富士銀行（現みずほ銀行）に入行。本郷支店に配属後、半年で本社に異動し債券投資を担当する。94年、富士証券（現みずほ証券）設立と同時に異動、円債セールス（トレーダー）に。95年、育児休業を1年取得、復帰後債券営業部門の企画担当となる。2004年市場営業第4部長、08年ダイバーシティ推進室長。2年後に部長復帰し、ウエルスマネジメント部長に就く。その後リテール部門に移り、成城支店長、名古屋駅前支店長に就任。17年、執行役員名古屋支店長、19年からリテール・事業法人部門プライベートバンキング統括執行役員。

海外企業との交渉で鍛えられたロジカルな思考法

ＪＦＥホールディングス監査役
馬場久美子さん（54）

２０１９年にＪＦＥホールディングス監査役に就いた馬場久美子さん。２０１４年に東芝からＪＦＥエンジニアリングに転職し、２０１８年に常務執行役員に就き、19年監査役となった。ＪＦＥグループの主要３事業会社、ＪＦＥスチール、ＪＦＥエンジニアリング、ＪＦＥ商事のなかで、唯一の女性役員である。

不正会計発覚前から危機感

先を見通す目のある人だ。２０１４年、東芝の不正会計が明るみに出る前年に、四半世紀勤めた東芝を後にした。

「東芝は今後どのように価値創造していくのか」

米ハーバード大の教授が疑問符をつけるのを聞き、やはりそうか、と呟いた。２０１１年、ハーバード大の上級管理職プログラムに会社選抜で送り込まれたときのことだ。その少し前から「構造的な限界を感じる。経営の意思決定も俊敏さを欠く」と危機感を抱いていた。海外からの客観的な評価は、残念ながら自身の仮説を裏付けることになった。

ちょうどその頃、いくつかの会社からヘッドハンティングの声がかかっていた。次第に「手がけたことのない分野に挑戦したい」という気持ちが強くなっていく。

それまでパソコン事業を中心に、より高性能のデジタル機器やサービスを世に出すために奔走してきた。しかし、世の中で本当にそこまでハイスペックなものが求められているのだろうか。多くの人にとっては、安全でクリーンな環境で暮らせることのほうが大切なのではないか。こう考えるに至り、環境関係のプラント建設を手がける現在の会社に転じることを決めた。

遡って、大学に入るときから馬場さんの先見の明は光っていた。外国語大学での専攻を決めるとき、スペイン語を選択した。男女雇用機会均等法の施行前で、まだ大卒女子の就職が厳しかった頃のこと。スペイン語圏である中南米諸国の成長著しいときで、スペイン語学科を卒業した女性の就職率が高かったからだ。

１９８９年、東芝に入社。入社試験では、英語とスペイン語でのスピーチを求められたというから、語学力が武器となったことは間違いない。

入社して間もなく結婚した。ライフプランを考えつつ社内を見渡したところ「年齢を重ねないと意味ある仕事が回ってこない」ことに気づき「ならば今、体力のあるうちに出産しておこう」と思ったという。25歳で第一子を、27歳で第二子を出産。組織の年功序列を冷静に分析して20代で早産みキャリアに踏み切ったからこそ、30代を迎えて飛躍のときを迎えることができたのだろう。

海外の名だたる企業と契約交渉

48歳の時ＪＦＥエンジニアリングに転じ、４年目を迎えた２０１８年春、常務執行役員経理部長に就き、２０１９年に監査役となった。従業員６万人を擁するＪＦＥグループでトップランナーの一人に躍り出たわけだが、その足腰は間違いなく東芝時代に鍛えられたものだ。

先述した通り、語学力を買われて入社したものの、会社側は大卒女子の処遇に困ったようで「とりあえず部長の秘書を」と命じられた。すぐに暇を持て余し「海外営業をさせてください」と申し出る。希望がかない海外営業に就いたものの、出産から復帰後は時差のある電話会議が難しくなった。それを見た当時の部長が、海外との契約交渉を担う部署に異動させてくれた。文書を中心とする契約交渉なら、保育園のお迎えのために夕方5時に飛び出すなかでも成果を上げられるだろう、語学力という強みも生かせるという計らいだ。

第二子の育休から戻ってすぐに任されたのが、マイクロソフト社とのウィンドウズ95共同開発に関わる契約交渉だった。交渉方針を練り、契約に落とし込み、設計部門に実行してもらう。当時、マイクロソフト社のシアトル本社に東芝社員が常駐して、ウィンドウズ95の開発、バージョンアップ、そして新商品の検討まで支援していた。東芝のダイナブックが、ノートパソコン市場でトップシェアを占めていた頃のことだ。

時代の波に乗り、最先端の契約交渉を手がける裏で悩みもあった。短期的には事業パートナーとして提携を深めることは、自社にとってメリットが大きい。しかし長期的に見ると知的財産を差し出すことにはならないか。そのジレンマに頭を悩ませていた。その時に意識したのが「偉大なる歯車」となることだ。常に社長の視点で、私という人間に何をしてほしいかを考えた。30歳前後という早い時期から、長期的かつ俯瞰した視点で事業を見る「経営判断」の力を自ら磨いていたのである。

海外との契約交渉でもうひとつ身につけたのは、ロジカルな思考力だという。マイクロソフト、インテルといったIT業界のリーディングカンパニー、さらにはアジアのOEM先である韓国のサムスン電子、台湾のエイスース社、クアンタ・コンピュータ社などと交渉するにあたり、気づいたことがある。日本企業は従来の商習慣や経験といった過去に重きをおくのに対し、海外のトップ企業は将来のキャッシュフローに目を向ける未来志向である。そこで日本企業とは判断のポイントが異なる。海外企業との交渉を通して、未来に目を向けたロジカルな思考法が鍛えられたという。

成長を後押しする経営者の存在

ウィンドウズ95の誕生後、海外企業との交渉・契約業務も膨らみ、馬場さん自身も大きく成長することになる。その成長を後押しした経営者がいる。故・西田厚聰氏である。2005年から2009年にかけて社長を務め実力派経営者として知られたが、不正会計発覚後は責任を追及された人である。

東芝で大卒女性の活躍の場がなかった時代、西田氏は見込みのありそうな女性に、どんどん仕事を任せて引き上げたという。馬場さんもまた、目をかけられた一人だった。

馬場さんが30歳前後で手がけたインテル社とのブルートゥース事業では、「これは将来、人の行動を大きく変えるものだ。なんとか世に出すよう頑張ってくれ」と、西田氏から励まされたという。未来志向で大局的に判断する。こうした考え方をするリーダーがいるのだと、驚いたことを今でも鮮明に覚えている。

海外企業との契約では、経営トップの名前でレターを書かなければいけない。西田氏にレターを持参すると、矢継ぎ早に本質的な質問を投げかけられた。「この交渉には意味があるのか」「リソースの振り向け先としてはどうか」「方向性に間違いはないのか」――西田氏の問題意識は、ここまで頑張って交渉したのだから、今までこの方法で成功したのだから、といった過去とは一切無縁だった。

英文レターにも、こだわりがあった。論理の構成に隙があると、そこを突いて質問される。英語表現ひとつでも「こうした品のない表現では私の名前で出せない」「受け取る側の気持ちをもっと考えないといけない」と細やかな指導をされた。

馬場さんはその後、38歳の若さで課長職に、43歳で技術戦略提携部長にと、同期のなかでもほぼトップランナーとして昇進を果たす。海外アライアンスも米国、欧州、東南アジアと広がり、電子書籍配信事業など新規事業の立ち上げも担うことになった。

そのなかで、折に触れて西田氏から呼び出しを受ける。

海外の提携事業などで「君の意見を聞いてみたい」と問いを投げかけられたという。

２０１４年春、退職の挨拶のために、当時会長だった西田氏のもとを訪ねると「いやあ、それは残念だ。でも、これだけ一生懸命仕事をしてきたのだから、日本経済の発展のために力を尽くしてほしい」とはなむけの言葉を贈られたという。

さまざまなカルチャーが融合する組織

ＪＦＥエンジニアリングに転じてからは、早速海外との提携交渉で力を発揮した。まずはインドでエネルギー分野のプラント設計などを手がける企業を買収し、エンジニアリングセンターを開設した。ドイツの環境プラントなどを手がける企業のＭ＆Ａ交渉も担当した。企業の選定が進んだ段階から加わり、選定企業の見極め、契約交渉、現地の独占禁止法の確認、登記まで行い、契約締結を成立させた。現地への出張は、延べ３カ月に及んだ。

転職当初は海外本部本部長附に始まり、戦略企画部長、経理部長、そして常務執行役員、監査役とステップアップを果たしたのも、実力が認められてのことだろう。

転職にあたっては、同社の企業風土にひかれたことも決め手となった。日本鋼管と川崎製鉄が合併して誕生した会社で、両者の文化がうまく融合しているとみてとった。「権威主義的なところがなく、合理的に物事を判断する文化が根付いている。どこの会社の出身かなど気にしない」ことから、中途採用でも不利にならないだろうと考えた。ここでも冒頭で述べた「先見性」が、転職先を見極めるうえで光っている。

不条理をエネルギーに変えて

今やＪＦＥグループでの女性幹部のロールモデルとなっている。子供を２人育てながらのキャリア形成という点でも、多くの女性社員たちにとって目標となる存在だ。20代後半で子供を２人出産してからの仕事と子育ての両立では、時間が限られるなかでの生産性を意識せざるを得なかった。

最近でこそ、両立支援が叫ばれるようになってきたが、馬場さんが子育てに奮闘していた当時は、働く母親に対する理解も乏しかった。20代後半のある日、幼い子供を病院に連れていこうとタクシーに乗ったときのこと。「旦那さんの給料で、（若いのに）タクシーに乗れていいね」と運転手からいわれたことは忘れられない。男女の役割分業意識が今より強固で、理不尽さを思い知ることが度々あった。これをエネルギーとして「もっといい仕事をしよう」「マネジャーとなったら、両立をサポートしよう」と踏ん張ってきたという。

こうした経験があるからこそ、子育て社員を支援するには「あらゆる手段を用意しないと、フェアにはならない」と感じている。これがマネジャーとして、そして経営者としての視点に生かされているのはいうまでもない。

自身は、母親一人で育児をすべて担う「ワンオペ育児」を続けてきたという。海外勤務の続いた夫とはすれ違いで離婚に至り、40歳前後で再婚した。現在の夫は法律の専門家で、自宅リビングには「判例六法」を置いて、さまざまなニュースを耳にするや「背景と原因について議論する。自宅でもロジカルシンキングが磨かれている」と笑う。

座右の銘はゲーテの「仕事は仲間をつくる」。そして「早く行くなら一人で行け。遠くに行くなら一緒に行け」というアフリカの格言も大切にしている。いずれも、仕事は一人ではできない、社会的インパクトのある大きな仕事は仲間がいなくてはできないということだ。そこで部下に対しては、チームプレーを大事にしようと呼びかける。自身がチームにいかに貢献できるか、常に考えようと説いている。

２０１６年に就いた経理部長という職は、手がけたことのない分野でチャレンジだった。しかし、組織にいかに貢献できるかを考えるのが信条である。現在は監査役としてのミッションを果たすことが最重要任務と心得ている。

幹部クラスの転職、成功の決め手は「柔軟性」

鎌田由美子さんの節で紹介した通り、女性幹部がヘッドハンティングで他社に移る動きが出てきている（54ページ以降参照）。役員候補となる40代の部長クラス、部長候補を大手企業から招くケースが多いという。まさに馬場さんのような例だ。

では、どのような人材が求められているのか。リクルートエグゼクティブエージェントのディレクター渡部洋子さんによると、次の2領域で人材ニーズが高いという。①海外でマネジメント経験がある人、②財務・経理や人事、法務・知財などの管理部門で汎用性のあるスキルがある人、である。

幹部転職を成功させるには、本人に「柔軟性」があるか否かが大きな決め手になるという。大手企業から中堅・中小企業に移ると、往々にして会社の仕組みや体制が「できていない」と感じてしまう。そのときに「プロセスができていないということは、自分が力を発揮するチャンスがあるということ。さて何からどう手をつけるか」と発想できれば、成功への道が拓ける。

一方、前職の大手企業と比べて「これも足りない、あれもダメだ」と考えてしまう人は成功がおぼつかない。「こんなはずじゃなかった」という呟きは、適応できないことを証明しているようなものだという。

転職先が異分子を受け入れるかどうかという「社風」に加えて、本人が柔軟か否かという「芸風」が、幹部クラスの転職を成功させるカギだと渡部さんは言う。

社風を見極める目、そして芸風。

馬場さんの転職の成功例を見ると、すべての条件が揃っていることがわかる。東芝という日本を代表する企業が育てた、女性幹部のトップランナー。皮肉にも他社での活躍が、その人材育成の確かさを物語っている。

馬場さんのキャリアの軌跡

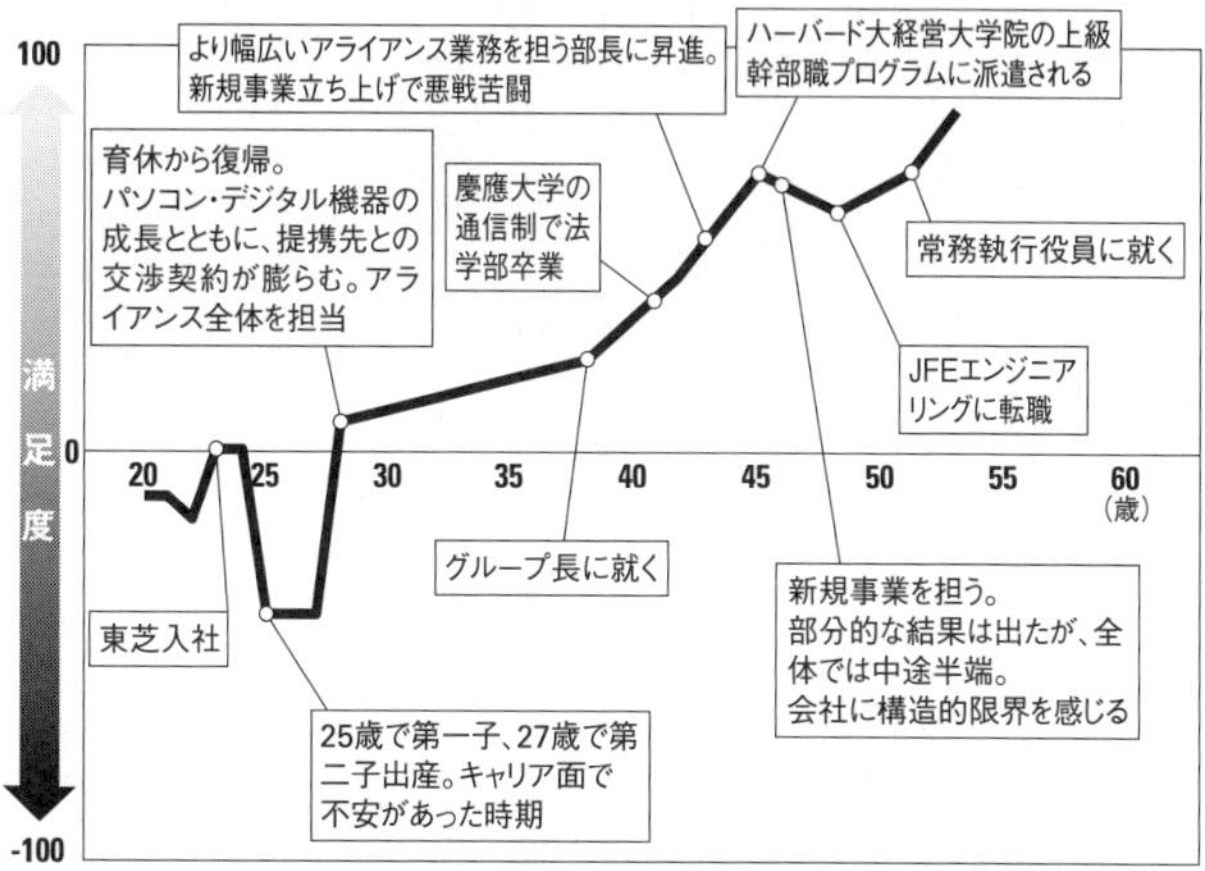

馬場久美子（ばば・くみこ）　1965年生まれ。89年東京外国語大学外国語学部卒、東芝に入社。海外営業、海外企業とのアライアンス業務を担当する。2004年、技術統括部グループ長（課長相当職）に就く。仕事を通して法律知識が必要なことを痛感し、慶應義塾大学法学部に通信制で学び、07年学位取得。09年技術戦略提携部長、11年商品統括部ソフトウエア＆サービス部長、12年クラウドソリューション第三部長。14年、JFEエンジニアリングに転じる。海外本部本部長附に始まり、15年戦略企画部長、16年経理部長、18年常務執行役員に就任。19年、JFEホールディングス常勤顧問を経て監査役に就く。

コラム

均等法世代の新たな挑戦
――初の女性役員が早期退職した理由

均等法世代の女性が50代半ばにさしかかり、定年が視野に入ってきた。既に一部の大手企業では関連会社への出向・転籍が始まるなど、キャリアの大きな転換点を迎えている。〝男性並み〟のキャリアを築いてきた彼女たちは、第二の人生をどのように思い描いているのか。

みずほ銀行初の女性役員である有馬充美さん（57）は、２０１７年12月に退職して新たな人生を歩み始めた。男性社会のなかで順調にキャリアを築いてきたかに見える彼女が、50代半ばにして「既定路線」を離れたのはなぜか。女性社員のロールモデルとされながら、退職することに迷いはなかったのか。

米国の大学で２０１８年１月から、学び直しを始めた有馬さんに、心の内を聞いてみた。

見える世界がどれほど広がるのか

——50代半ばで銀行役員を辞めるという決断をされた理由は？

有馬（敬称略、以下同）　危機感を抱いたのです。人員整理を進める銀行にいて、これからどうなるのかという危機感ではありません。入社して30年くらい、いろいろな経験をさせてもらい、成長実感がありました。ところが逆に経験を積むことで、仮に新しい業務を任されても、こういう考え方で、こうした方法をとれば、こんな結果が得られるだろうというものが、なんとなく想像できるような気がしてきたのです。自分なりの付加価値を追求しろと部下には言いながら、自分はどうなのか、視野が狭くなってはいないか、惰性に陥っているのではないかという危機感です。

——組織のなかで、さらに上を目指すという選択もあったのではないでしょうか。

有馬　このまま幸運にもさらに上までいったとしても、見える世界がどれほど広がるのか、と考えてしまったのです。というのも、管理職となり、役員となり、視野を広げるような学びの機会に恵まれました。なかでも、社会起業家といわれる人と出会ったことで、こういう世界があるのかと目を開くことになりました。

例えば、デビッド・グリーンさん。社会起業家という概念を生み出したことで知られる米国の団体アショカのフェローで、世界から「防げるはずの失明」をなくすために活動している人です。２０１７年、彼と一緒にインドに行きました。彼の活動に関心をもつ日本の企業の幹部と現地の病院の視察に行ったのです。

――インドで目にしたこととは？

有馬　インドをはじめとする途上国では、先進国であれば手術で簡単に治療ができる白内障で失明する人が何千万人といます。彼はそのような国で貧しい人には無料で、お金のある人には規定の料金で白内障手術を行い、それでいて病院全体では利益が出るようなビジネスモデルをつくり上げているというのです。利益と社会貢献を相いれないものと捉えていた私は本当にそんなことが可能なのか、この目で確かめたかった。

　インドでは、ちょうど飛行機のファーストクラスとエコノミークラスのように待合室は違っても、貧しい人もお金がある人も同じように手術を受けていました。製造・流通過程での付加価値のないマージンを徹底的に削り、お医者さんの効率を最大限に高めるために、手術以外の検査や問診はすべて訓練を受けた貧しい農村出身の女性が担当していました。視力を取り戻した患者や生きることに希望と誇りを見いだした女性たち、さらにデビッド・グリーンが医療現場でいかに信頼され、尊敬されているかを目の当たりにして、とても心打たれたのです。

彼が資金調達のために準備した投資家向けの説明資料を見て、さらに驚きました。これまで見てきた普通の企業の資料と比べても全く遜色なかったのです。社会のためになるんだから、事業や経済的な利益の説明はいい加減でいいという妥協は一切なかった。ビジネスと社会貢献がとても高いレベルで統合された素晴らしいビジネスモデルだと思いました。

有馬充美さん

アショカにはほかにも多くの素晴らしい社会起業家を紹介してもらいました。2017年7月には社会的リターンと財務的リターンの両立を目指す「社会的インパクト投資」の父ともいわれる、英国のロナルド・コーエン卿の話を聞き、高い志と熱い情熱、卓越したリーダーシップに感銘を受けました。

視野が広がり、いてもたってもいられなくなった

――なぜ、社会起業家との出会いが退職につながったのですか。

有馬　こういう世界もあると知って、いてもたってもいられなくなったのです。このまま銀行だけにいていいのかと。ビジネスセクターとソーシャルセクターの間をつなぐことで何か新しいイノベーションが起こせるのではないかと。違う見方があると知った以上、もう元には戻れない。

　ちょうど、そんなときに、ハーバード大にアドバンスト・リーダーシップ・イニシアティブ（ＡＬＩ）という、私の問題意識とぴったり一致するプログラムが10年ほど前にできたことを知りました。学びたいという気持ちが強くなって応募したら、合格してしまった。幸運の女神に後ろ髪はない、今のところ家族も皆元気だし、職場も順調で私の後任となる人も育っている。

　今しかない、（この世界に飛び込むのは）天命ではないかと思ったのです。心の声に従って、会社を辞めて留学することを決めました。何かを変えるときには、アウ

ト・オブ・ボックス・シンキング、つまり組織を出て思考することが大切だといわれています。私の場合は、アウト・オブ・カントリー。外に出ることで、(広い世界の)砂の一粒になってしまうかもしれない。箱のなかの安定をとるか、砂の一粒となっても広い世界を見るか、私は後者をとったわけです。

――ハーバード大のプログラムは、具体的にはどのような学びの場なのでしょうか。

有馬　ビジネスや非営利団体、政府機関など、それぞれの分野で20年から30年実績を積んだリーダーを対象とするものです。ひとつの分野のリーダーシップだけでは解決できないような複雑な社会課題を解決するにはどうすればいいのか、自分の次の人生を意義あるものにするために何をするのか、といったことを1年かけて学び、考えるのです。広い意味でのリカレント教育でしょうか。教育や気候変動、医療、格差社会といった課題についてハーバードの教授や外部専門家を交えたケーススタディのほか、ハーバード大のすべての大学院の科目から自分が関心のあるものを選んで聴講することができます。

受講生は、北米、南米を中心に、世界各国からきた48人。前職はインベストバンカーや弁護士、ＣＥＯ、医師、国連職員、政治家、ジャーナリスト、非営利団体の代表など。なかにはペルーの元総理もいます。50代の私は若いほうで、上は70代まで。白髪の方が学生に交じって一生懸命に学ぼうとしている。もう一回将来に向けてギアアップしている。そうした姿を見て、大変刺激を受けています。

いったんバルコニーに上がり、これまでの30年を振り返る

――学んだ後、次の人生のテーマとは？

有馬　金融やビジネスでの知識や経験を生かせればいいと思いますが、プラス・アルファを何にするのか思案中です。今はまだ漠としていますが、広い意味での教育というか、人の成長を助けるようなことをしたいと思っています。人は学校だけではなく、会社でも社会でも成長する。私自身は、幸せなことに会社で成長実感を得ることができました。

振り返ってみると、自分自身成長したと思えたのは、いずれも高すぎると思ったものにチャレンジしたときです。最初は、企業派遣の海外留学。１回目は志望理由もきちんと言えず落ちてしまいましたが、２回目で合格してハーバード大ビジネス

スクールに留学しました。それまでの仕事や組織、自分の置かれていた環境をより大きな社会的、歴史的文脈から捉え直す複眼的なものの見方を学んだことは、マネジャーとなってから大いに役立ちました。

2つ目の成長体験は、出産後に証券会社に出向してM&Aの業務に携わったことです。最初は本当に大変で上司を恨んだものですが、これもその後に生きる経験となりました。3つ目は、支店長になったことです。その数年前に支店長公募の制度が始まり、無邪気に手を挙げましたが、見事に落ちてしまった。でも、しばらくあとの異動で支店長となり、組織のマネジメントを勉強することになります。

挑戦→失敗→学び→再挑戦→成功といったサイクルで自分自身は成長してきた実感があります。このような経験も踏まえて、人が成長するとはどういうことか、どうしたら成長をサポートすることができるのかを考えていきたいと思っています。

今、アダルト・ディベロップメントという科目で、大人になっても人は進化できるという理論を学んでいます。日本も長寿社会を迎えるなかで、多くの人が高齢になっても何かやりたいと思っています。これは隠れた資源です。ちょっと磨けば、機会を見つけられれば花開くのに眠ったままになっている。この分野で私に何かできることはないか、プログラム修了までにじっくり考えたいと思っています。

――今回のキャリアチェンジは、「人生１００年時代」を考えてのものでしょうか。

有馬　第二の人生を考えてという重い話ではなくて、もう少し自然体です。こういう世界に行きたい、と突き動かされるような思いからです。ただ、人生１００年という時代に入り、のんきな私の寿命は１２０歳くらいかもと考えました。そうなると、これから60年以上もある人生をどうやって生きていくのか。リフレッシュして、エネルギーを蓄えたいと思ったのです。

人は大きなキャリアチェンジをするときに、ニュートラルゾーンに身を置くといいそうです。ぽんと準備もないままキャリアを変えてしまうのではなく、ワンステップおいてみるということです。私も1年間の留学で、いったんバルコニーに上がって、30年間の自分を振り返りつつ、これからの絵を描いてみたいと思っています。

これまでの「成功」をなぞるロールモデルには違和感があった

——銀行を辞めるにあたり、どなたに相談しましたか？

有馬　海外に単身赴任中の夫に相談したら、すぐに賛成してくれました。夫とは、互いに企業派遣で留学中に出会いました。日頃から私の考えをよく話していましたので、頑張れと応援してくれました。英語が得意なので、応募に必要な英文のエッセイもチェックしてくれました。

一人で東京に残ることになる大学生の一人息子も、あっさり「どうぞ」と一言(笑)。出発前に、息子に好物のレシピを教えてきたのですが、どうやらちゃんと料理をしているようで、互いにいい自立の機会になったと思います。

——銀行からは、引き留められたのでは？

有馬　実は先にお話ししたようなインパクト投資や社会起業家との協働は、銀行にいたときにも副業として認めていただいていたのです。その流れで、ありがたいことに、私のチャレンジは銀行にとってもいいことだから、全面的に応援すると言っていただきました。銀行に席をおいたまま留学したほうがよければそれでも構わないとも言っていただきました。しかし、安全圏に片足をおいていてはチャレンジにならない。金融という枠をはずれて、あらゆる可能性を探りたいとも思いました。大学で学んだことで、銀行の役に立てるようなことがあればまた一緒に働くこともあるでしょうし、それ以外の日本の企業やＮＰＯの方々とも協働していければと思っています。

――みずほ銀行では、女性初の生え抜き役員でした。後輩に道を拓くという意味で、辞めることにためらいはありませんでしたか？

有馬　もちろん責任は自覚しています。あとに続く女性社員のロールモデルといわれてもきましたが、それにはいつも少し違和感がありました。私自身は、これまでの「成功」とされてきた、既存のキャリアパスにうまく合わせているという意味でのロールモデルになりたいとは思っていなかったからです。自分なりに価値があると思うものに向かって、主体的に選択してキャリアをつくっていくというモデルになりたい。ダイバーシティの価値はそれぞれがもつ違うレンズで見た景色を共有し、

◇◇

認め合い、よりよい全体像に向かって進んでいくことにあると思っています。個々がもつレンズもまた本人の成長によって新しいものに変わっていく。こうして成長し続ける個人と、それを認め合う組織がつくれたら本当に素晴らしいだろうと思います。

女性社員が開いてくれた送別会では、役員になったからこそ見えてきた次の世界に行く、ここで終わりではなく、続きのために辞める、その機が熟したということだと挨拶しました。ありがたいことに、涙を流してくれた後輩もいました。

実は男性からも、今回の決断に対して「うらやましい、応援している、頑張れ」といった声を多くいただきました。

――ご自身がモデルとしてきた上司もいますか。

有馬　もう20年くらい前に、かつての上司から聞いた話がずっと頭の片隅に残っています。「自分が墓に入るとき、業績表彰されたとか、役員だったなんてことを思い出すことはない。それよりも、地方の支店長時代に、くすぶっていた部下にある役割を与えたら輝き始めた。支店長を辞めたあと、自分がこんな人生を歩めるようになったのは支店長のお陰ですと言ってもらえた。そんなことのほうが大事なんだ」とご自身の経験を語ってくれました。何かに迷ったときに、ふとこの言葉が降りてきます。人生を終えるときに、自分が思い出す価値あることは何だろう——と。

（注）インタビューは２０１８年に実施。有馬さんは帰国後、留学中に勉強した人材育成や組織開発の理論をもとにリーダーシップ育成プログラムを手がけるほか、社外取締役やＮＰＯ法人のアドバイザーなども務めている

第二章

女性役員へのルートは多様性に富む

女性役員へのキャリアの道筋は、男性のそれに比べると多様である。

第一章で紹介した均等法世代の女性役員たちはエリートコースでいわば男性型。しかし、女性役員への道は必ずしもそうしたエリート街道ばかりではない。一般職また地域限定職から役員への道を歩んだ人もいる。女性のキャリアが多様であるのと同様、役員への道もまた多様性に富む。

ネット企業で30代で役員に就いた人から、伝統ある大手企業で50代後半で就任した人まで、幅広い年代の多様な道筋をここでは紹介したい。

ただし、共通点もある。ここに登場する5人はいずれも新規事業の立ち上げを経験している。そこで失敗したり、苦い思いをしたりするなかで大きな学びを得ている。なかには自ら手を挙げて新事業の立ち上げプロジェクトに飛び込んだ人もいる。ときにはリスクをとって失敗を恐れずに挑戦することが成長につながることがわかる。同時に、男女問わずやる気のある社員をプロジェクトに登用することが、女性リーダーの育成につながるともいえる。女性役員5人の軌跡を辿ると同時に、彼女らを育んだ環境を見ていこう。

キリンビール発祥の地の工場長に

キリンビール　常務執行役員横浜工場長
神崎夕紀さん（56）

キリンビールで技術系出身の女性として初の生え抜き役員となった常務執行役員の神崎夕紀さん。２０１７年春からキリンビール発祥の地である横浜工場の工場長として、約２５０人の部下を率いる。神崎さんのこれまでの歩みを辿ってみよう。

神崎さんは栃木工場の醸造部長だった頃、２つの役割を「兼務」していたらしい。日中は、醸造部長というビール造りの要となる要職で、製造工程に目を光らせる。夜になると近隣の飲食店に同僚とともに飲みに出かける。選ぶ店はあえてライバル会社のビールを扱う店。「キリンビールの味は私が保証しますよ」と言いながらボランティア営業をして、自社製品の扱い店を増やしたという。昼は醸造部長、夜は自発的に営業切り込み隊長を務めていたわけだ。

ビール業界で、女性初の醸造部長となり、そして工場長に。２０１７年春には執行役員に昇進し、キリンビール発祥の地である横浜工場の工場長となり采配をふるう。

入社時は、「多くを期待されてはいなかった」と言う神崎さん。ベンチャー企業からの転職組であり、入社は地域限定の技術職。どのようにしてチャンスをつかんできたのだろう。

中途入社組としていかに貢献するか

「同じ日本の会社でも、こんなにも違うものか」

28歳でキリンビールに中途入社した神崎さんは、こう呟いた。

大学院を卒業後、社員70人ほどの医薬系ベンチャー企業に入社し、４年ほど試験管を振る実験の日々を送っていた。新規上場（ＩＰＯ）に向けて厳しい空気の漂う会社でひたすら研究を続けるなか「私はこの仕事に向いているのか」ともやもやが募り、思い切ってキリンビールに転職を決める。福岡出身で九州の大学で学び、何となく地元勤務のほうがいいかと思い、軽い気持ちで地域限定職を選び福岡工場に配属となった。地方支社とはいえ、社員５０００人を超える大企業は、ベンチャー企業とは組織の在り方が違う。目を丸くすることばかりだった。

キリンビール福岡工場では、これまで女性社員といえばお茶くみやコピーをこなす事務職スタッフ。技術職の女性も、中途の経験者採用も、初めてのこと。どのように処遇したらいいか、会社の側にも戸惑いがあったようだ。自分なりに頑張っても「へええ、ここまでやるんだ」といった反応で「多くは期待されていない」と感じていた。悶々とするなか「どうやったら会社に貢献できるのか」と自分なりに必死に考えた。

品質保証の実験室を立ち上げよ、という命を受けた。ただし具体的な指示は何もないまま、できることを自分で考えて実行に移す。導入する機械を選定し、レイアウトを決め、原材料や半製品の分析を行う。入社間もなく精麦の分析ができたのは、幸いだった。品質保証の会議では司会を任されるようになり、組織に横串をさしながら、工場全体を見る視点を身につけていった。

即戦力の中途入社組として、自身の存在意義を自問自答する日々は5年に及んだという。「何かができる自分にならなければ、何も評価されない。存在すら知られない」と、手探りでがむしゃらに動いたこの時期に、基礎をみっちり身につけることになった。中途入社組としての自身の立ち位置の模索、これがひとつめの脱皮につながったようだ。

神戸工場の立ち上げチームに

酒づくりのプロセスに関わる仕事をしたいと希望して、入社5年で神戸工場に異動した。地域限定職で入ったものの、自然に全国型コースへ移行した格好だ。神戸工場では2年目から、希望していた花形部署、醸造部の仕事を手がけることになる。

神戸工場に移ったのは1997年、阪神・淡路大震災の影響を受けて新工場の建設は遅れており、時間が足りない、人手が足りないと「まるで野戦病院のような雰囲気だった」。

赴任翌日、いきなり徹夜で醸造ろ過器の実験検査をすることになる。何とか生産にこぎつけるや、今度は出荷できない商品を土日返上で倉庫にこもって判定をする「倉庫暮らし」が始まった。

スタッフ全員、忙しいのになぜかエネルギーがみなぎっている、ハイな状態だったという。「つらくないかといわれれば、物理的にはつらい。でも嫌ではない。目標が明確で使命感をもってできる仕事であればつらくない」ことを、このときに学んだ。これが後々リーダーとなってから、部下に対して目標と使命を説くことにつながる。

この修羅場の経験が、技術的、精神的、体力的な自信につながった。ともに頑張った戦友のような同僚らは、かけがえのない仲間となった。

「リーダーを目指そう」。こう自覚するようになったのは、神戸工場で働いていた30代半ばの頃だ。現場からの提案がはかられる経営職の会議に参加できない、伝聞で結果を聞くしかないことにもどかしさを感じるようになったのだ。醸造はチームで手がける仕事、そのアウトプットに責任をもつには、決定権をもたなくてはいけない、自分のポジションを上げなければいけない、とごく自然に思うようになった。

「現場の皆の努力を無にしないためには、意思決定する立場に就くことが必要だ」と上を目指すようになる。

工場の過酷な立ち上げ経験で自信をつけ、チームプレーの醍醐味を知った。そしてリーダーになる決意を固める。明らかにこのとき、2回目の「脱皮」を経験した。

栃木工場閉鎖、部下との面談

41歳で横浜工場に異動し、経営職（管理職）の試験を受けて昇格。そして44歳で栃木工場の醸造担当部長に就く。

ビール業界で醸造部長といえば技術職の花形ポスト、業界では女性初の着任だった。驚きもあったし、緊張もした。しかし、工場の技術系トップの仕事は楽しかった。ところが、そんな楽しい時期は長くは続かなかった。栃木工場の閉鎖が決まったのだ。

部下一人ひとりと繰り返し面談し、転勤を伴う異動を告げなければいけない。多くは栃木工場で働くことを前提に地域限定職となり、家を買い、家族と地元に根を下ろして生活する社員だ。なかには、怒りで涙ぐむ社員もいた。恨み言をぶつけてくる社員もいた。ただ、耳を傾けるしかなかった。

ひとしきり話を聞いたあとは、次に目を転じるように働きかけた。それがリーダーとしての役割だと心得ていた。

世の中、理不尽なことはある。自分の意に沿わない方向に事が運んでしまうこともある。それをどう受けとめるかは自分次第だ。恨み言を言い続けていると、その言葉で腐ってしまうのは自分である。自分が一番ダメになってしまう。次の職場でスイッチが入るように、準備を始めよう。自分の気持ちをつくるのは、自分にしかできない、と社員の背中を押し続けた。

同時に経営職として、胸に手を当て決意したことがある。

社員にこんなつらい思いをさせるようなことは二度とないようにしよう、と心に誓ったのだ。工場の閉鎖経験という修羅場は、胆力をつける脱皮経験となった。

「人間不信になりそうになった」

栃木工場をたたんだ後は、本社の生産本部で全国9工場の生産をとりまとめる仕事が待ち構えていた。生産、営業、物流の三位一体を目指して多くの部署と調整する、その要となるポジションだ。営業やマーケティングなど技術以外の社員と初めて組むことになり、「あまりの価値観の違いに、最初は人間不信になりそうだった」と振り返る。

新商品の開発にあたり「このくらいのシェアをとれるはず」「(発売は)今でないといけないのです」とプレゼンをする開発者を前に「何を根拠にそう言うのだろう」と唖然とする。「3カ月後には新商品を発売したい」という主張には、「設備も準備も必要なのだ」と反論したかった。事実と理論を根拠に話を進める技術者とはあまりに違う発想に戸惑うばかりだった。しかし、意外にもすぐ慣れた。そして無理難題であっても、社の方針としていったんやると決めたからには「必ずやり切る。それが使命」と腹をくくった。

こうした腹のくくり方は、本社時代に経験した東日本大震災の対応でも発揮された。仙台工場が被災するなか、他の工場にどのように機能を移管・集約するか、いかに需給の立て直しを図るか。ビール醸造タンクが倒れているネット映像を見ながら、物流や営業の担当者と緊急対応を話し合った。

初めての本社勤務で視野が一気に広がった。多くの組織をまとめることの厳しさ、競合他社との闘い、そのなかで負う責任の重さを、経営職として痛感することになる。さらに一皮むけた神崎さんのもとに、「思っていたよりも早く」工場長就任の話がきた。51歳で神戸工場長へ。そして53歳で横浜工場長に。

キリンビール入社時の最初の上司からは、お祝いのはがきが届いた。部下に対しては言葉少なであれこれ指示はしないものの、じっと見守り「信じて任せてくれた」上司である。ビールの味や香りをはかる官能評価の腕も確かで、基礎をしっかり教えてもらった。その後も、折に触れて遠くから気遣ってくれていた。

「この人に信頼されたい。必要とされる人でありたい」と思うような上司に、何人も出会うことができた。きちんと任せてくれ、ダメなときにはダメと言う。説明や指導に無駄な時間は使わない。何かあったら責任をとる。こんな上司の姿を目にするにつれ、自分もいつかこんな上司になろう、と思い背中を追いかけるうち、いつしか自分が、多くの部下に背中を見せる立場になっていた。余儀なく閉鎖をした栃木工場時代の部下と、横浜工場で再会することもある。元気な顔を見るとほっとするという。

技術系女性のロールモデルとして

２０１７年春、技術系出身の女性として初めての執行役員に就任。

神崎さんは今、技術系女子の星といっていい。しかしキャリア前半の道のりは、決してエリートコースとはいえないものだった。

入社時に「さほど期待されていない」と本人が感じたことは、既に述べた通り。20代、30代の頃は、選抜型の社内研修に参加したいと手を挙げても、受けられなかったこともあった。しかし、腐ることはなかった。「仕事を通しての学びが一番である」と、自分自身感じていたからだ。

「技術職のキャリア形成のお手本的な存在」との会社側の期待に応え、自らもロールモデルとしての自覚をもって、後輩らに語りかける。

「チャンスを生かせる自分になっておこう」

チャンスはいつくるかわからない、楽しくないと思うような仕事がくることもある。でも、本当にやりたい仕事がきたときに、最大限応えられるような自分になっておくことが必要だ。そのためには「目の前にある仕事をきちんとする、手を抜かないこと」だと言う。神崎さんの実践を通しての助言である。

こうして仕事に取り組む姿勢を、会社の側も見逃さなかった。

地域限定職でありながら、転勤したい、そして醸造の仕事に関わりたいという希望をかなえてきた。仕事ぶりを目にした上司が、全国工場に数人しかいなかった女性技術者の神崎さんを特別扱いせずに鍛え、引き上げてきたことも事実だろう。

道なき道を拓いてきた神崎さんのスタッフ時代とは様変わりし、今キリンでは女性管理職の育成に力を入れている。グループ全体で２００９年に２・５％だった女性管理職比率は、２０１９年には８・４％となり、この10年でほぼ3倍に増えたことになる。今後も継続して女性管理職を育てるにあたり、今力を入れるのは、リーダーを目指す女性を増やすこと。特に入社3年目から5年目あたりの若手層への働きかけだ。

そのひとつが、前倒しのキャリア形成。

女性は30歳前後で結婚、出産といったライフイベントを迎える人が多い。出産育児の時期には、どうしてもキャリアで遅れをとりがちだ。そこで、20代から30代の若手社員に重要なプロジェクトを担当させるなど早めに成長につながる経験をさせ、得意領域を見つけるよう促すという。

こうした女性社員の育て方は冊子にして、女性の部下をもつ管理職全員に配布している。特に技術職の女性社員がいる現場を中心に人事が巡回をして、実践されているかどうか確認をしているという。

２つ目は、メンタリングプログラム。入社3年から5年目の女性社員を対象に、先輩の男女社員がメンターとなる。海外経験を積んでいる人、子育てとの両立経験のある人など、メンタリングを受ける側は、メンターの希望を出すことができる。人事がマッチングをしたうえで、一対一のメンタリングを行っている。

３つ目のユニークな取り組みとして、「なりキリンママ・パパ」プロジェクトがある。文字通り、社員が「(子育て中の)ママもしくはパパになりきって働いてみたら」と疑似体験するものだ。「保育園のお迎えのために『お先に失礼します』と言うのが、こんなにつらいとは知らなかった」「短時間勤務は、時間に追われて大変だ」といった、両立社員の大変さを体感することになる。

実験的な導入を経て、２０１８年2月から全社で段階的に実施することになった。試験的に実施をするなかで、「人員が1・5人必要なところに1人しか配置されていない」「訪問回数を目標にするような昭和的営業がまだ行われている」といった人事、経営の改革につながる気づきが多く見られたことから、組織変革につながる可能性を感じたからだ。「なりキリンママ・パパ」体験を、組織を変革していくリーダー育成にもつなげたいという。この取り組みは一見迂遠なようでいて、組織変革を通してリーダー候補の女性社員を辞めさせない、時間制限のある社員でもキャリア形成を諦めさせないことにつながるものだ。

神崎さん自身、かつてのような「24時間使う働き方はもはや許されない」として、自身のこれまでの働き方はもはや通用しないと語る。とはいえ自身の成長のためには、どこかで集中してインプットをしなければいけないのも事実だ。

「時間制約のあるなかで、その方法を自分で考えなければいけない」難しい時代に入ったと感じている。社員が成長し続ける現場をいかにつくるか。トップリーダーとなった今、部下の部長らと膝を突き合わせて議論をする日々が続いている。

神崎さんのキャリアの軌跡

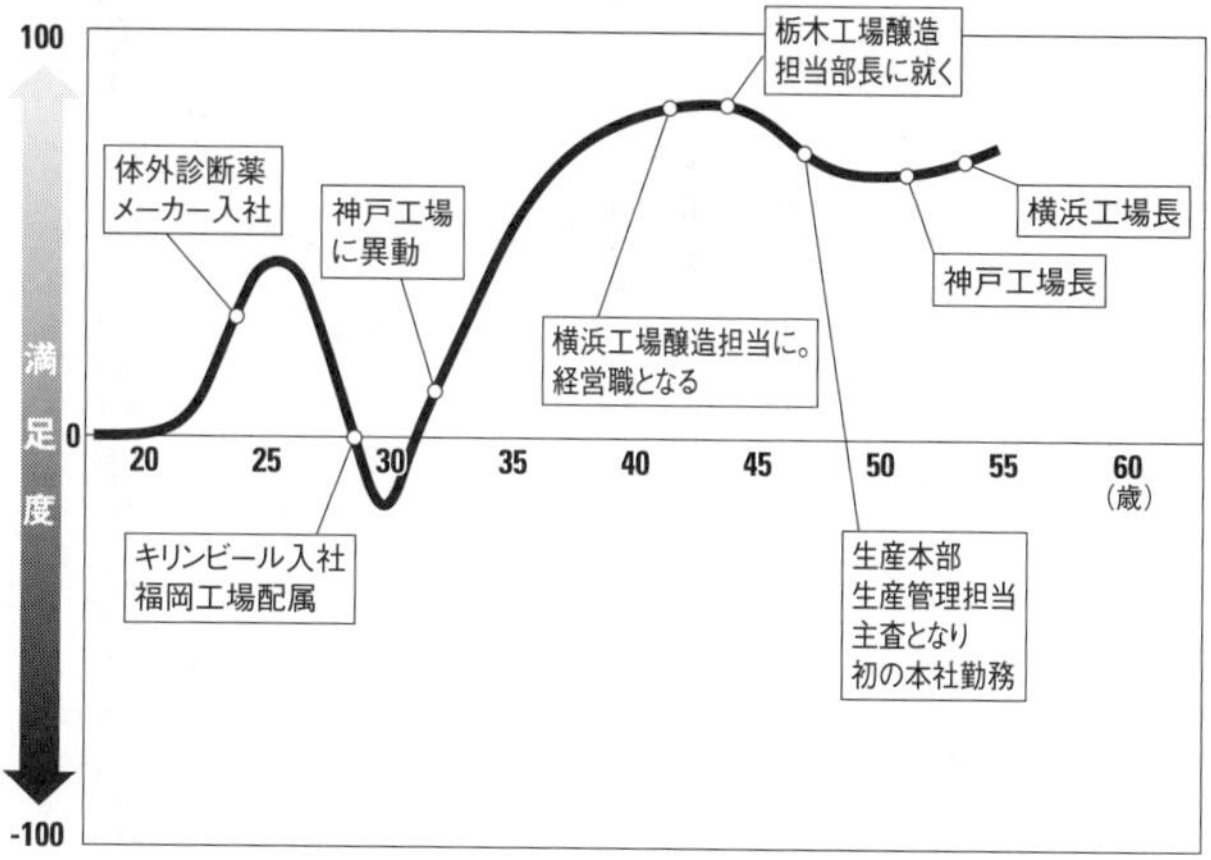

神崎夕紀（かんざき・ゆき）　1963年生まれ。88年に佐賀大学大学院卒業後、体外診断薬製造メーカーに入社。92年キリンビール入社。福岡工場で品質保証を担当する。97年神戸工場に異動。2004年横浜工場に転勤、経営職（管理職）となる。07年、栃木工場醸造担当部長に就く。10年、生産本部生産統括部生産管理担当主査となり、初の本社勤務となる。13年R&D本部酒類技術研究所副所長。15年神戸工場長に就任、ビール業界初の女性工場長として注目される。17年執行役員横浜工場長。19年常務執行役員横浜工場長。

36歳で執行役員、謝罪会見で矢面に立つ

楽天　常務執行役員CMO（チーフ・マーケティング・オフィサー）
コマースカンパニー　シニアバイスプレジデント
河野奈保さん（43）

36歳の若さで楽天執行役員となった河野奈保さん。社内では「モバイルの河野」として知られ、モバイル事業を急成長させた実力者である。現在は常務執行役員CMOとして全社のマーケティング施策を統括する。

36歳で女性として最年少役員に就いてから半年、思わぬ試練が河野さんを待ち受けていた。2013年秋、東北楽天イーグルスの日本一を受けてのECサイト「楽天市場」の優勝セールで、価格の不当表示の問題が持ち上がったのだ。

楽天市場の担当執行役員だった河野さんは、楽天市場品質向上委員会の委員長に就いた。

三木谷浩史社長が秋に記者会見を行い、翌年春、今度は河野さんも記者会見で矢面に立ち、居並ぶ記者を前に調査結果を報告した。

問い合わせが殺到し、メディアからの批判を浴び、寝る間もなく対応に追われた。この間の記憶はほとんど飛んでいる。ただ、ひたすら考え続けたことだけは鮮明に覚えている。顧客をいかに守っていくか。失った信頼をどう回復するか。楽天は、今やベンチャー企業ではない。多くの人の生活のインフラとなりつつある。その信頼を裏切ってはいけない。「攻める、攻める楽天」として走り続けてきた。しかし、攻めることと同じくらい、守ることも大切だ。そのバランスをとることが求められている——。こんな考えが頭のなかを駆け巡った。

会社の社会的責任を肌で感じることとなった。そして会社をもう一度成功させるという思いもわき起こってきた。36歳にして、早くも経営者としての修羅場を経験することとなった。

2回の転職と留学、迷走した20代

36歳で執行役員、そして40歳で常務執行役員に。こう聞くと、入社以来エリートコースを突っ走ってきたように見えるが、20代は迷走の時期だった。

大学時代に雑貨や海外のおもちゃを扱うショッピングサイトを立ち上げた。ウィンドウズ

95が発売され、まもなく訪れたインターネットブームにいち早く乗った。サイトの運営は好調だったものの、「若い感性を生かして若者向けビジネスで成功したからといって、この先続けられるか」と不安が募り、鍛えてもらえる会社に就職しようと考えた。会社選びの基準は、年功序列の残る大手企業ではなく、ベンチャー企業ながらある程度の規模があり育ててもらえそうなところ。人材派遣で急成長中だった会社に新卒で入り、その後ネット証券会社に転職した。マーケティングを担当するも「何かが違う」と辞めて海外に留学。26歳の時楽天に中途入社をする。

ショッピングサイトを運営していた学生時代から憧れていた会社だった。ユーザーに日々使ってもらえるサービスを提供する、これを通して人を幸せにする、世の中を元気にする、という創業の精神に心ひかれたのだ。

ところが入社してからの数年は、再び迷いの時期となった。「想像していた仕事と違う」という思いがわいてきたのだ。配属されたのは営業部。楽天市場への出店者を募り、出店後には売上を伸ばすコンサルタントを行う。営業成績はよかったものの「自分の大事な時期をここで過ごしていいのか」「私のキャリアはこれでいいのか」と悶々とする。発想を切り替えるヒントを求めて、ポジティブシンキングの本を読み漁った。

「モバイルの河野」を目指して

周りの同僚を見渡すと、優秀な人が多いことにも気遅れした。このままでは置いていかれてしまう。ではどうすればいいか。PCには詳しい人が多いものの、モバイル分野に強い人は少ない。ならば「モバイルの河野」といわれるようになれば、社内で自分の居場所をつくれるのではないかと考えた。

こう決めるや、まるで受験生のように勉強を始めた。モバイルノートを1冊つくり、モバイルの市場、モバイル・コマースの現状、モバイル端末の市場、大手キャリアの動向など、自分なりに調べてはノートに記して、数字を暗記するまで反芻した。職場でも、常にこのノートを持ち歩いた。上司との面談では、「モバイルをやりたいです。モバイルの編成やマーケティングをやってみたいです」と訴えた。

営業成績もいい、一方で自分なりに新しい市場も考えている、この河野さんの頑張りを見た上司が、三木谷浩史社長と直接話す機会を設けてくれた。モバイル市場について熱く語る河野さんに対して三木谷社長は、ならばとモバイル事業の数年後の売り上げ目標を提示した。「わかりました、計算してみます」と張り切って退出した河野さんは、頭を抱える。「これは専門家が予測する日本全体の市場規模予測を超える数字、論理的には無理だ」と。

再び三木谷氏のもとに足を運んだ河野さんは、この調査結果を報告した。するると三木谷氏から思わぬ言葉が返ってきた。「その市場予測は、我々の成長が織り込まれていないだろう。彼らの予想を超える成長を遂げればいい。それが市場創造というものだ」。はっとした。知識をつけて論理的に予測する、そうした考え方は、まだまだ次元が低いことを思い知らされた。

30代、結婚は？　子どもは？

「新しいモバイル市場をつくってみろ」。三木谷氏から大きなお題を出されてモバイルの責任者に指名されたのは、まだ役職にも就いていない28歳の時。その後、携帯電話のサービスが広がり、アイフォーンの販売が始まり、スマートフォン市場が急速に膨らむなか、市場をとらえて事業を拡大した河野さんは、リーダー、副部長、部長と駆け上がるようにして昇進を果たした。

20代後半から30代半ばまで、傍から見ると仕事は順調で飛ぶ鳥を落とす勢いだった。しかし意外にも、心のうちに別の迷いの渦を抱えていた。同年代の友人らは次々に結婚、出産を経て人生のステージを変えていった。どこかうらやましいという気持ちはぬぐえない。結婚は？　子供は？　家庭は？　という思いが時折わき起こり、公私のバランスに悩んだ。「男性は仕事の実績を積み上げていけばいいけど、女性は積み上げたものを続けるか、辞めるか、決めなければいけないこともある」。実際に、結婚を巡って逡巡したこともある。

ようやく心が落ち着いたのは、35歳の頃。「誰だって全部を手に入れられない。でも諦めずに、まずは全部をやってみればいい」となぜか自然に答えが出た。そうして今「結果的には仕事が残って、独身です」と苦笑いをする。

「女性幹部」としての役割を知る

36歳で女性として最年少執行役員に就いたことも、転機となった。

内示をされたとき、上司に向かって「いえいえ、そんな。結構です」と思わず断ってしまった。上司からすぐさま諭された。「周りが執行役員に就いてほしいと思っているということだ」。そうか、と思った。これは役回りとしてやらなければいけないのだと自身にいい聞かせた。

想像以上に、執行役員の肩書はインパクトが大きかった。自身がどんな人間かというよりも、まずは役職で見られるようになった。本来の自分を見てもらえなくなったという寂しさもあった。一方で、嬉しかった言葉もある。

後輩の女性３人から、「ありがとうございます」と言われたことだ。

「役員就任、おめでとうございます」と、社内外で皆が口々に言うなかで、「ありがとうございます」とは？　疑問はすぐに解けた。現場の営業からキャリアを始めた女性が執行役員にまで昇進した、私たちに勇気と希望を与えてくれてありがとう、という意味だった。

それまで、職場では女性を意識したことはなく、役員になっていきなり「女性執行役員」と呼ばれることに違和感を抱いていた。しかし、後輩の女性の言葉を聞いて覚悟を決めた。

「これからは女性幹部という役割も引き受けなければいけない」と。

執行役員に就いてからは、海外戦略担当、ＥＣカンパニーのプレジデントと統括領域が広がっていった。２０１７年４月には常務執行役員となり、２０１８年７月からは組織改編でコマースカンパニー、シニアバイスプレジデントに就任した。

流動性が高いインターネットビジネスの世界では、実力を蓄えると飛び出して、自ら起業する人も少なくない。そうしたなかで、楽天にとどまり続ける理由を度々尋ねられる。

本人いわく「社内で10回くらい転職した気分」とのことだ。営業から編成、マーケティングへ。そしてモバイルからＰＣへ、国内事業から海外事業へ。その都度、視野が広がり、視点が上がっていった。何より、今の会社で「志高く、熱い仲間と一緒に仕事がしたい」という気持ちが強いという。

介護で得た新たな視点

プライベートで、キャリアに新たな視点が加わる体験をした。母の介護である。２０１８年夏、インタビューを行う１週間ほど前に、母親をがんで亡くしていた。

毎晩のように仕事が終わると病院に駆けつける日々。日中も病院から電話が入り、対応を迫られる。これまで仕事脳で走り続けてキャリアを築くことができたのは、家族が元気だったからこそだと気づいた。社員はそれぞれ、その瞬間、瞬間、さまざまなものを抱えている。子育てや介護を担う社員は、仕事だけに１００％の力を注ぐことはできないという制約のあるなかで、どれだけアウトプットを出すかで戦っている。こうした気づきを得て、これからのマネジメントが変わっていく予感がしているという。

楽天は２０１７年、がんの治療法を開発する米ベンチャー企業に出資した。会社が成長すれば、こうした社会性の高い事業をもっと膨らませることもできる。本業の事業にとどまらない、会社の社会的責任を改めて考えることとなった。これもまた、個人的な体験を通しての一皮むける経験といっていいだろう。

女性の才能を伸ばす職場環境とは

河野さんが、女性としての最年少執行役員、そして常務執行役員へと駆け上がることができたのは、間違いなく三木谷浩史社長の存在が大きい。

力強いリーダーシップを発揮する経営者に見いだされ、役職に就く前から責任の重い仕事を与えられた。ここで、見いだされるという「偶然の舞台」を用意した上司がいたことも忘れてはならない。河野さんは「モバイル、モバイルと言っていた私を、三木谷社長に引き合わせる機会をつくってくれた上司の度量の大きさ、職場の風通しのよさにも感謝している」と言う。

三木谷氏の采配が「仕事は役職で割り振るのではなく、その仕事を牽引できそうな人に振る」スタイルであったことも幸いした。だからこそ、河野さんは28歳の若さでモバイルの責任者となり、のちに100倍もの事業に膨らませることができた。

誰に仕事を任せるかは、性別でも年齢でも、ましてや役職でもない。こうした柔軟さが、若手や女性の才能を伸ばすことにつながっている。

もうひとつ、インタビューを通しての発見は、楽天という日本的経営からほど遠く、性別に関係のない実力主義で知られる会社であっても、女性が役員になれば「女性幹部」という役割を担わなければいけないということだ。

役員に就いたとき「ありがとうございます」といった後輩の言葉に、それが端的に表れている。

これは企業文化の違いを超えた、日本社会の問題だろう。

未だ根強い性別役割分業意識のもと、女性は家庭も仕事もの二重労働となりがちで、両立そしてキャリア形成に悩むことになる。そうした女性社員にとっては、自社の現場からいわばたたき上げで昇進した女性役員は、よき目標となる。

女性役員は、役員としての重責に加えてもうひとつ、「女性社員にとってのロールモデル」という役割が求められるのだ。女性登用が道半ばの日本においては、このもうひとつの役割は当面続くのだろう。

河野さんのキャリアの軌跡

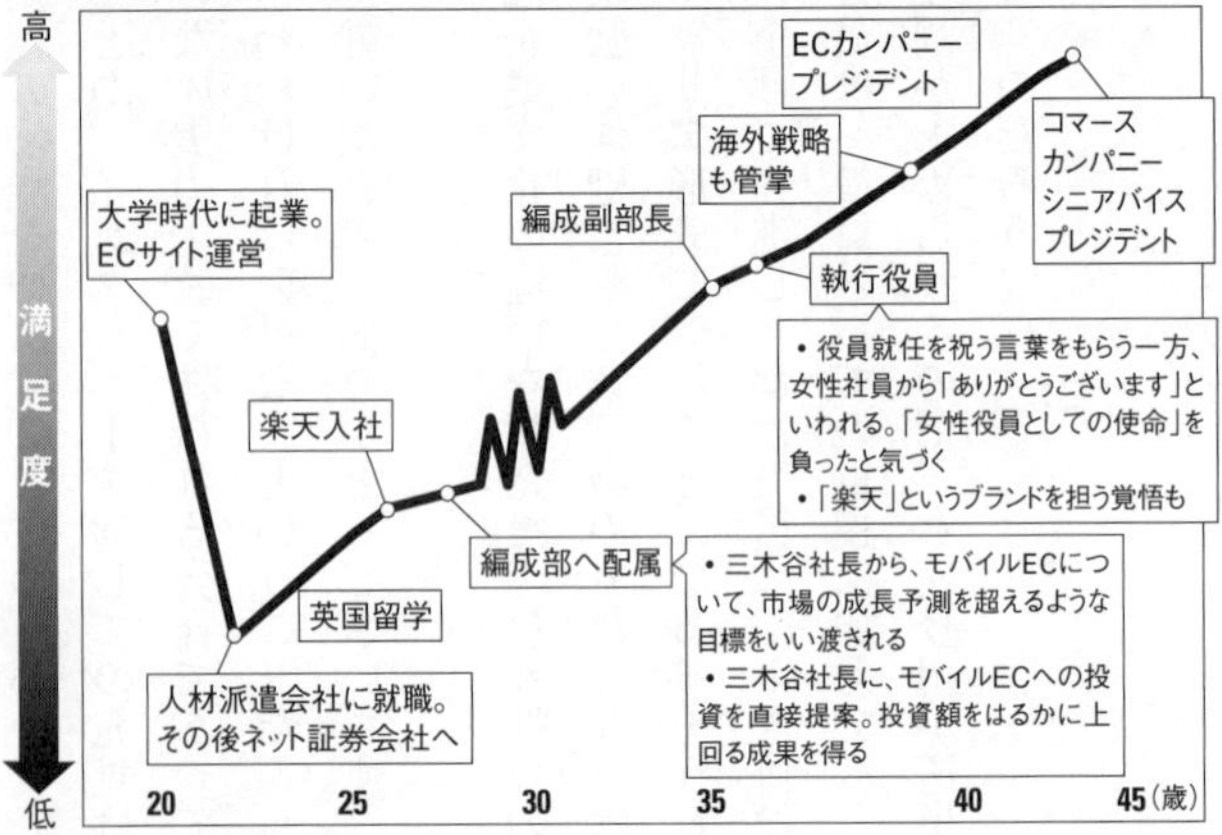

河野奈保（こうの・なほ） 1976年生まれ。99年大学卒業後、人材派遣会社、ネット証券会社を経て、英国留学。2003年、楽天に入社。楽天市場事業で営業、マーケティング、編成を担当する。05年からモバイル事業の責任者を務める。12年編成部副部長、13年5月執行役員に就く。女性としては最年少の役員となる。同年8月編成部長に就任。同年12月、楽天はジャスダックから東証一部に上場市場を変更。17年2月ECカンパニープレジデント、同年4月常務執行役員。18年7月組織改編に伴い、コマースカンパニーのシニアバイスプレジデントとなる。2019年、CMO（チーフ・マーケティング・オフィサー）に就任。「ECマーケット動向」「女性の働き方」に関する講演も多数。

短大卒、地域限定の一般職から執行役員へ

日本航空　執行役員　東京空港支店長・ＪＡＬスカイ社長
屋敷和子さん（62）

日本航空執行役員・東京空港支店長で、ＪＡＬスカイ社長の屋敷和子さんは、短大卒業後、地上サービス職として入社。その後、千歳空港、成田空港の支店長という要職につき、２０１６年に執行役員に就任。地域限定勤務の一般職から役員まで昇進した、一般職女性にとってのロールモデルである。

屋敷さんの最大の強みは、部下とのコミュニケーション能力だ。

「おはようございます」。部下に明るく声をかけても、なぜか返事がない。これが度重なるうちに「私は認められていないのかも」と、屋敷さんは感じ始めた。

53歳にして総勢７００人の千歳空港支店長に就き、同時にＪＡＬスカイ札幌社長に就任。

翌年にはＪＡＬグランドサービス札幌社長に就いて、同社の部下に声をかけたときのことだ。屋敷さんは、冷静に分析した。

「私にはハンデが２つある。ひとつは男性の多い会社で女性がトップに就いたこと。２つ目は貨物も荷物も手がけた経験がなくグランドハンドリングについて明るくないこと。では、自分に何ができるか」

熟考の末、屋敷さんは毎日朝７時に出社して、現場のスタッフ一人ひとりに声をかけることにした。長靴、ヘルメット、軍手を身につけ、現場一つひとつを回って声をかける。

「おはようございます。今日はお花がたくさん積まれていますね。よかったですね」

と声をかけると、「花は軽いので、あまりおカネにならないんです」と部下から返ってきた。ある日は、玉ねぎ、ジャガイモが山と積まれているのを見て、

「今日は重量があっていいですね」と声をかけたところ、「重くて大変ですよ」という返事。

こうしたやり取りを根気強く続けて半年が経った頃、部下のほうから声をかけられるようになった。部下一人ひとりと向き合う、現場を自分の目で確かめる、屋敷さんの姿勢が部下の心を解きほぐしていったのだ。

こうした姿勢は、初めて肩書がついたときから一貫している。

35歳で空港旅客サービスを担うＪＡＬスカイサービスに出向して係長という肩書がついたことが、転機となった。

出向先でいきなり部下20人をもつことになり戸惑う。どのようにリーダーシップを発揮してまとめていくか、自問自答するなかで、とにかくコミュニケーションをとって信頼関係を築こうと考えた。

「お客さまにお時間をいただいていたけれど、大丈夫だった？」

「（明るい表情を見て）何かいいことあった？」

「今日は少し体調が悪いのかな」

とにかく毎日、全員に声をかける。すれ違いざまやトイレで……。

仕事はチームで支え合うもの、コミュニケーションが大切。このときの係長経験が、冒頭の50代半ばにして関連会社社長になり壁にぶつかった際に生かされることとなる。

羊飼い型リーダーシップ

部下に寄り添うと同時に、凛としたリーダーの姿も見せる。

ときには「そんなの無理だ」という声が上がるような高い目標を掲げ、部下のモチベーシヨンを上げながら、具体策を考えさせる。

屋敷流の采配は、これからの時代に必要とされる「羊飼い型リーダーシップ」といえそうだ。ハーバード大のリンダ・ヒル教授が提唱するもので、背後から羊を追いながら前に進めるように、それぞれの個性を生かしながらまとめていくリーダーシップである。

部下のやる気を高めながら、ボトムアップで目標を実現させる。現場を知り尽くした屋敷さんならではのリーダーシップだろう。

千歳空港支店長に就任早々の挨拶では、「（必ず定刻に出発する）定時性で全国支店のなかで1位をとる。そしてＪＡＬフィロソフィ教育を徹底する」と宣言した。部下からは「これだけ雪の多い空港で、定時性1位を目指すなど、安全上の問題が起きかねない」といった反発の声が上がり、「いったい何をいい出すのか」という空気が満ちた。

しかし、屋敷さんは諦めなかった。「チームワークでのりしろをつくり、次の人にバトンを渡していけば可能になるはずだ」と説き続けるうちに、皆が動き始めた。どうすればできるか、施策を自分たちで考え始めたのだ。

そしてついに、雪深い空港で、定時性全国1位を達成した。

「空港の仕事はチームワーク。1便を一人の力で飛ばすことはできない」。常日頃、屋敷さんが説き続けたことを、皆が実感することとなった。

千歳空港支店長に赴任したのは、２０１１年４月。２０１０年に経営破たんして間もなくのこと。経営破たんは、全社員の意識、そしてもちろん屋敷さんの意識を大きく変えることになった。

最も変わったのは、採算に対する意識だ。

「今まで何をやっていたんだ」

グループ会社の社長会議では、本社社長から叱責されたこともある。「今月着任したばかりですが」という言葉を飲み込み、頭を下げた。「社員に給料を払うためには、会社は黒字を出さなければいけない」ことを、強烈に意識するようになった。

破たんを機に、顧客や支援者に対する感謝の念も深まった。「お客さまに心の底から『ありがとうございます』と言うようになりました」。「再生に向けて頑張れ」という支援者からのメッセージカードを、ぼろぼろと涙をこぼしながら読んだという。

稲盛和夫会長（当時）の本を何冊も紐解いたのはこの頃だ。

何かあったときに拠り所となるものは何か、大局的に見て皆を引っ張っていくには何が大切か。やはり、稲盛氏が掲げたＪＡＬフィロソフィを浸透させることが必要だと、教育にも力を入れる。

千歳に赴任してまもなく、部門別採算制を導入する各社のキーマンを、グループ全社で行う研修に出すようにとの通達があった。他社は管理職を送り出すところ、屋敷さんが選んだ「キーマン」は、係長クラスの社員。10年先、20年先の会社を支えてくれるのは、今係長クラスの社員たち。彼ら、彼女らが「自分たちが会社を盛り上げていくんだ」という機運を高めてほしいと考えたのだ。

選抜した社員一人ひとりと面談して、選んだ理由、そして気持ちを伝えた。研修に参加するにあたって決意表明をする社員の目には、涙が浮かんでいた。戻ってきた社員は、自ら学んだことを上司である管理職に伝えた。

ボトムアップからの機運醸成は、じわじわと広がっていった。

短大卒業後、地上サービス職として入社

１９７８年、短大英文科を卒業した屋敷さんは、日本航空に地上サービス職として入社した。男女雇用機会均等法の施行から遡ること8年。転勤のない、いわゆる一般職としての入社だった。千葉県本埜村（現在の印西市）で生まれ、成田の高校に通った屋敷さんにとって、

成田国際空港で働く地上スタッフ職は憧れの仕事。とはいえ入社時は「5年は勤めます」と面接でいいながらも、「実際には3年くらいかな」と寿退社を思い描いていた。

　地上サービス職を天職と思い始め、ふと気づいたら35歳。JALスカイサービスに出向して手がけた仕事で鍛え直される。海外エアラインの地上サービスの受託ビジネスである。その後42歳で同社課長となり、現場の指揮をとることになる。この経験が、のちのちマネジメントをするうえでの基礎となった。

　スタッフの採用、海外エアラインのシステムの運用、教育計画の策定と実行。海外航空会社にスタッフを派遣して研修を行い、もち帰ったテキストを訳すなど、まさに白紙の状態から地上サービスをつくり上げていく。夜9時から打ち合わせを始め、日付けが変わったこともある。まさに「24時間働けますか」の日々だった。運航開始の1～2週間前にリハーサルを行い、いざ運航を始めたら絶対に「定刻」で出すことを目指す。仕事の段取りをつけて一つひとつ課題をクリアしていくことを学んだという。

　サービスが始まると、今度は「想定外」の出来事が日々起きるなかで、瞬時の判断力が磨かれていく。

　アメリカ系航空会社で飛行機の機種変更が起きたときのこと。既に発券済のものを、搭乗口で差し替えましょうと提案したものの、思いのほか手間取ってしまい飛行機の離陸を遅らせてしまった。痛恨のミスである。ときどきの状況、そしてスタッフの能力と人員数、すべてを総合して対応を即座に判断しなければいけない。

こうして受託した海外エアラインのサービスが「日常」となるまで1年はかかる。「仕事はこうして流れていくのか」と肌で感じた。「明けない夜はない」と自身にいい聞かせた体験でいつしか自信がついていた。これがのちに空港所長、支店長と大きな役割を担ったときの支えとなった。出向先で管理職に就き、一皮むける経験をしたわけである。

思いがけず管理職、総合職に

「一生成田で働こう」と思いマンションまで購入していたところ、46歳にして本社の管理職に登用される。天王洲の本社に異動となり、さらには神戸空港の所長に。地域限定の一般職だったつもりが、思いがけず管理職へ、そして全国転勤へと活躍のステージが広がっていた。

入社当初から総合職として育成されてきた男性管理職に比べると、財務諸表の知識など、自分には足りないところがたくさんあると感じていた。不安に思うとき、いつも背中を押してくれたのは、成田空港時代の女性の先輩たち。「もう辞めたい」と泣きながら相談したことも一度や二度ではない。

「こんな楽しいこともあったよね、明日も頑張ろう」「場所は違っても、頑張っている仲間がいるから」と、励ましてくれたという。

神戸空港では、新空港開設という激務を経験する。

通常の旅客の調整に加えて、神戸市の港湾局との交渉や、ＪＡＬの顔としての地域活動でも走り回ることになる。大変な時期ではあったが、成田での受託ビジネス立ち上げの経験から、どこか自信があったという。

空港の所長は、オーケストラのコンダクターのようなもの。こうした心境に至ったのは、この頃だ。自分の能力が足りなくても誰かが補ってくれる。それぞれの持ち場で頑張るスタッフの力がうまく調和するように采配する。50歳を迎える頃には、立派な名コンダクターとなっていた。

その後、千歳空港支店長、成田空港支店長に。そして２０１６年４月には執行役員となり、東京空港支店長、ＪＡＬスカイの社長として３０００人近い部下を率いる。

座右の銘は「春風秋霜」。周囲に対しては春風のように接し、自らは霜のように厳しく律する。成田空港支店長時代に、経営者協議会で「論語」を輪読するなかで出会った言葉だ。

迷ったとき、悩んだときに、論語での学びが頭に浮かぶ。

「我が社を100年、200年続く企業とする」と遠い未来を語りながらも、目の前の部下一人ひとりと真摯に向き合う。その言葉は、力強くもふわりと温かく、職場をいつも明るい空気に満たしている。

一般職女性のモチベーションをいかに上げてステップアップさせるか、これは女性活躍を進める企業が抱える課題のひとつである。屋敷さんの場合は、関連会社に出向して42歳で課長となり手がけた仕事が、大きく成長する契機となった。ベテランとなりつつある一般職女性に大きな責任を与えてみるのも、階段をひとつ上がるきっかけとなるだろう。ただしその際、入社時から総合職として鍛えられてきた社員とは、経験値の差がついている点に配慮が必要だ。周りのサポート体制を整えないと、潰れてしまいかねない。

屋敷さんは40代半ばで管理職になったのを機に、「いつの間にか全国型勤務に切り替わっていた」と笑う。ここから神戸、千歳、成田、東京と次々に赴任地が変わるなかで、徐々に権限を広げていく。

全国型キャリアを築くのは、何歳からでも遅くない。一般職女性を管理職へと押し上げるためには、遅咲きキャリアの道を拓くことが必要だ。

屋敷さんのキャリアの軌跡

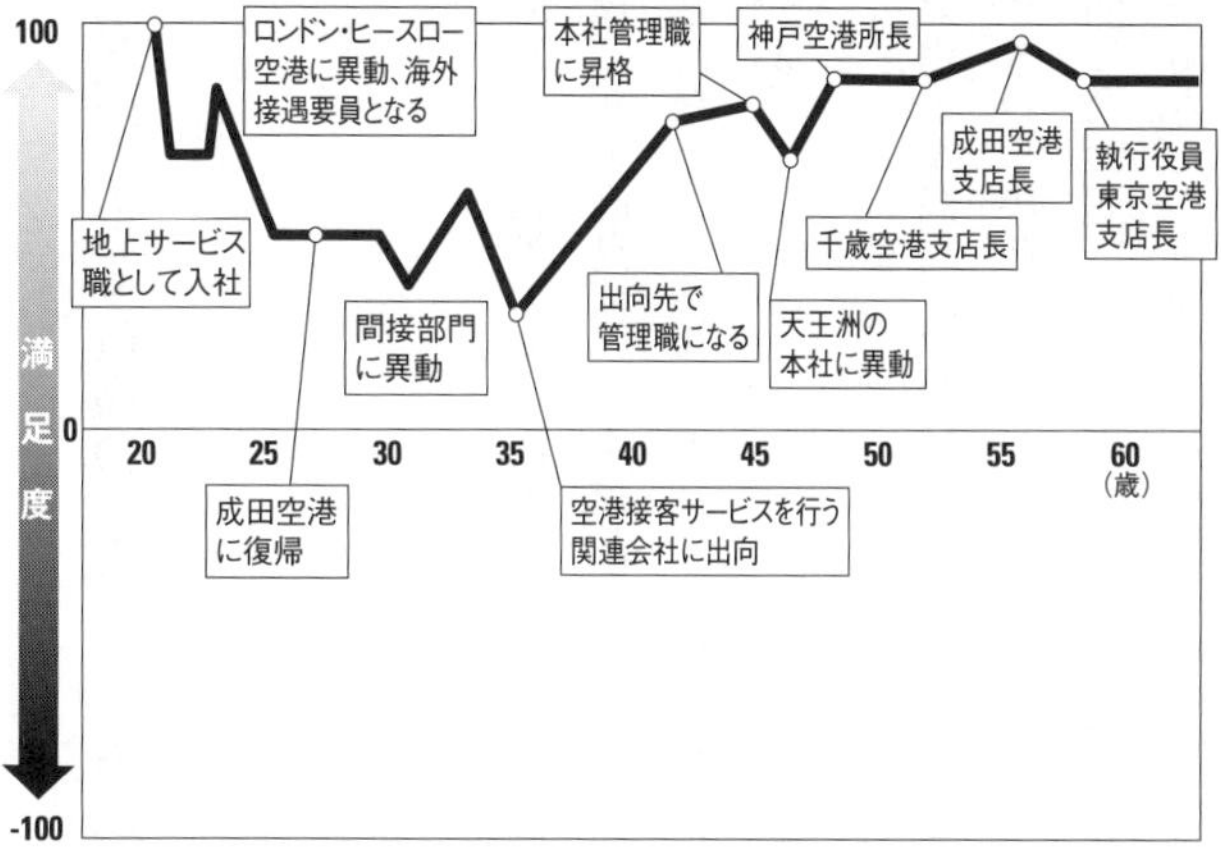

屋敷和子（やしき・かずこ）　1957年生まれ。78年、大妻女子大学短期大学部卒、同年日本航空に地上サービス職として入社し、成田空港支店に配属される。83年ロンドン空港支店で海外接遇要員を務める。99年、42歳でJALスカイサービス管理職に、46歳で本社管理職となる。その後、神戸支店神戸空港所長、千歳空港支店長、成田空港支店長などを経て、2016年から執行役員東京空港支店長、JALスカイ社長。

シンガポールで組織の原点に立ち返る

高島屋　常務取締役　営業推進部長
安田洋子さん（59）

高島屋常務取締役の安田洋子さんは、新宿高島屋の立ち上げを経験、その後、シンガポール高島屋、新宿高島屋、日本橋高島屋と基幹店を店長として率いてきた。石原一子さん、肥塚見春さんなど、生え抜きの女性取締役の活躍には歴史がある高島屋で、今女性のトップランナーである。

シンガポール高島屋で年に一度開かれる懇親パーティでは、新任マネジャーが何か芸をするという習わしがある。２０１２年のパーティでのこと、マイケル・ジャクソンのアップテンポの曲に合わせて、本人さながらのいでたちでステップを踏みながら現れたのは、なんと店長の安田さん。直前の店長挨拶を終えたあと、カツラを被っての登場とわかるや、会場の社員からはやんやの歓声がわき起こった。

翌日、売り場を歩く安田さんは、現地社員から次々にポーンと肩をたたかれた。「昨日はよかったよ。なかなかやるじゃないか」と親愛を込めた挨拶だ。「現場に下りて話をする」ことが信条の安田さん。この一件で、現場社員の心を一気に引きつけたようだ。

シンガポールで思い起こした「高島屋の原点」

2012年、安田さんはタカシマヤシンガポールの社長、シンガポール高島屋の店長となり、スタッフ400人を率いることになった。

日本からの出向者はごくわずか、マレー系、中国系などさまざまなスタッフを率いるのはさぞ大変だったろうと聞くと「帰りたくないくらい楽しかった。シンガポールの人は人懐こくて」と笑う。いやいや、人懐こいのはどちらだろう。マイケル・ジャクソンの仮装の話をすると、日本でともに働いたかつての部下らは「さもありなん、安田さんらしい」と頷く。親しみやすいキャラクターで相手との距離を一気に縮めてしまう、どうやらそんなタイプらしい。

現地社員の人心掌握にも、安田流がみてとれる。

ひとつは「相手をリスペクトすること」。赴任して間もなく設立20周年を迎えたシンガポール店には、安田さんと同年代の重鎮らが少なくなかった。自分たちがシンガポール高島屋をつくり上げてきたという自負がある。そこで彼らがこれまで積み上げてきたものに敬意を払い、継承することに努めたという。現地採用の幹部には、高島屋の経営状況をかみくだいて説明、日本の決算状況をグラフ化して示すなど工夫した。「オール高島屋のなかで、重要なポジションを占めることを丁寧に説明した」。英語で間違いのないようにと、事前に原稿もつくって説明の準備をしたという。

もうひとつは、自分の思いをしっかり伝えることだ。月初の朝礼では、自ら英語でスピーチをする。ここでも英文原稿を練って、経営方針や経営者としての思いを自分の言葉で伝えることに心を砕いた。

「シンガポール駐在は、気持ちをリセットするうえでよかった」と安田さん。高島屋の原点を思い起こすことができたという。

シンガポールでは、高島屋の買い物袋を誇らしげにもち歩く人が少なくない。従業員も取引先も、高島屋の仕事をすることを誇りに思い、ロイヤルティが高い。不況が長く続いた日本に比べると、活気がある。20年、30年前の日本を見る思いがした。

現場の人と何かをつくり上げていく気持ち、高島屋で働くことを誇りに思う気持ち——これは今の日本でも同じではないか。同じでいいのではないか。

こうした思いを強くしたことが、帰国後に新宿店、日本橋店という基幹店の店長を務めるうえでの背骨となった。

20代、上司の背中から学ぶ

今やトップランナーの一人である安田さんだが、20代半ばの頃は会社を辞めてしまおうかと悶々としていたという。

当時の担当は日本橋高島屋のリビングフロア。高島屋は老舗らしく、重厚な一流メーカーの家具ばかりが並んでいた。ところが、来店客には新婚の若いカップルもいれば、カジュアルな感覚の若い世代も少なくない。「もっと明るく、小さな家具を扱ってはどうか」と上に提案しても、「そんなのは雑誌の世界の話だろう」「うちの顧客の好みではない」と退けられる。次第に「自分はここにいる意味があるのか」と思い詰め始めた。

しかし、鬱々とする日はそう長くは続かなかった。上司が代わり「面白いじゃないか、やってみろよ」と背中を押された。少しずつチャレンジが始まる。

さらに追い風となったのが、大卒女性の意見をもっと生かそうと「大卒女性プロジェクトチーム」が立ち上がったことだ。高島屋で大卒女性の採用が本格化したのは1980年代に入ってからのこと。1983年入社の安田さんにとっても大卒女性の先輩はごくわずかで、フロア全体を見渡しても数人しかいなかった。この女性たちにもっと活躍してもらおうというものだ。

20代の大卒女性らは、アシスタントバイヤー、もしくはコーディネーターに次々抜擢された。コーディネーターは、店舗全体の販売計画の下、フロアごとに販売展開のテーマを定めて企画を立て、新しい取引先を開拓しつつ品ぞろえをする、といった役割を担う。

安田さんが任されたのは、家具売り場のコーディネーターだった。

コーディネーターを務めた5年ほどの間、水を吸ってぐいぐい伸びていくように自身の成長を実感した。先進的で発想豊か、それを形にする力のある上司のもとで、仕事の進め方、世界の広げ方を見せてもらったという。

あるときは、海外の家具情報をもとにフロア内に国ごとに5つのモデルルームをつくった。フランスのコーナー、ミラノの部屋など。そしてフロア中央に世界の一流メーカーの椅子を集めたカフェを開いた。そこにインテリアの本を置き、家具の相談もできるようにした。

先駆的な企画をしたことがフロア全体の改装につながり、そして店内改装につながる。そうしたダイナミックな売り場のつくり方を上司の背中から学んでいった。
バブルに向かって右肩上がりに伸びていた頃のこと、上昇気流に乗り「とにかく面白かった」と振り返る。

新宿店立ち上げメンバーの一人に

1992年、新宿高島屋の準備室として7人が指名された。安田さんはそのうちの一人。係長だった安田さんは最年少で、お茶くみでも何でもすることになる。

今でこそ新宿駅南口周辺はおしゃれなウッドデッキが広がるが、当時は飲み捨てられたカップ酒の空き瓶が転がるようなところだった。オープンまで4年、さらに開店を迎えてまもなくマネジャーとなり5年、あしかけ9年にわたり、新宿店にかかわることになる。このとき学んだことは「思いが強ければ、プロジェクトが形になるわけではない」という現実だ。

経営トップが交代したことで、新店舗の方向性が変わり、戸惑ったこともある。下の人間としては芯になるものを見失わないようにしなければならない。上の方針を受け入れつつ、自分としては譲れないところはうまくプランに盛り込んでいく。一方で譲れるところは柔軟に対応する。こうして、何とか思い描いたリビングフロアを形にしていった。

現実を見据えて組織のなかで折り合いをつけながら、譲れないものを形にする方法を身につけたといえる。

開店後まもなくマネジャーに昇進してからは、売り場の中間管理職としての苦労が待っていた。現場責任者として「マネジャー、これはどうするのですか」とことあるごとに、現場判断を求められる。高島屋の社員、パート社員、取引先からの派遣社員とさまざまな立場のスタッフ約100人をひとつにまとめることに腐心した。

コツは「とにかく裏で、一人ひとり向き合って話を聞くこと」だという。最初はひたすら傾聴に徹する。ただしすべてを受け入れるわけにもいかない。ときには「だけど、こうだよね」と諭さなければいけない。

38歳にして、多様な立場のスタッフ100人をまとめあげることで、ダイバーシティマネジメントの力を磨いていった。

ときには開き直りも必要

40歳を越え、本社スタッフに戻ったとき、思わぬ試練が待ち構えていた。日本橋店、玉川店の大型2店舗の改装を進める仕事に就き、アイデア豊富な上司からの命を受けて社内調整をするなかで、心身ともにまいってしまったのだ。

心労から眠れなくなり、食事をしても味が感じられなくなった。1カ月で7キロもやせてしまう。医師から薬を処方してもらい、何とか眠れるようになり思ったのは、ときには「開き直りも必要だ」ということだ。重要な仕事からもしも外されたら、と思い詰めて頑張ったところで、健康を害しては何にもならない。体を壊してまでするべき仕事などない。激やせから得た教訓だ。

奔走した結果、改装は成功し、売り上げアップにつながった。

「私が成果を上げたわけではありません」と、あくまで謙虚である。手柄にするどころか、もっとうまく仕事をコントロールすればよかったと反省の弁まで語る。

マネジャーになってからの戸惑いが最も強かったのは、45歳で部長になった時かもしれない。部長は現場に、進むべき方針を指し示す役割を担う。会社の経営陣が決めた方針を現場に伝えないといけないが、それがときには現場に負担をかけるものであったりする。

会社からの文書を読み上げるだけでは、部下は納得しない。自分も腹落ちしないこともある。ではどうするか。部下のマネジャーらとよく話し合い、「ここだけはしっかりやろうよ」

と合意形成をする。そうすると「部長がそこまで言うなら、やってみましょう」と意をくんでくれる。

部下のマネジャーらは、どこか腑に落ちるものがないと動かないのだ。そのためには、「自分の言葉できちんと話す」ことが何より大切だと考えるに至った。自分の言葉で語ることで、部下の納得性が高まる、成果につながる、これが安田さんのマネジメント理論の核である。

介護施設に預けた親に「帰らないで」と泣きつかれ

２００９年に執行役員広報・ＩＲ室長に就いてからは、ほぼ1、2年ごとに主要ポストを渡り歩き、階段を上っていった。

シンガポール店長に続いて、古巣の新宿店の店長、さらには日本橋店の店長を務める。最大の基幹店である日本橋高島屋の店長とは、さぞかし重責であったろうと聞くと、拍子抜けするほど肩の力が抜けている。

「店長というのはこういう役割だから、と線引きをするのはやめたんです。シンガポール時代に」

シンガポールで自分なりに築いたリーダー理論を、新宿店でも日本橋店でも、実践したという。

「リーダーとフォロワーがある局面で入れ替わることもある、そうした組織のほうが強い」。例えば、とＮＨＫの大河ドラマ『龍馬伝』を引き合いに出す。「名もない人が大きな夢を見て動く。そうした人たちが集まることで、何かが動き始めた。会社という組織も同じ」と言う。下の人の声に改革の芽があるかもしれない、一人ひとりが大きな力を秘めているかもしれないと考え、よく耳を傾ける。

２０１７年からは、法人事業部長として部下約２３０人を抱え、約２０００社の顧客と向き合った。

百貨店の商品を法人向けに販売するのはもちろんのこと、カード会社のポイントカタログ商品を提案したり、企業の制服を制作したり。最近ではふるさと納税の返礼品の品ぞろえを手がけるなど、業務は実に幅広い。「百貨店以上に攻めの仕事。まだまだ未知の世界で挑戦できることが嬉しい」と言う。

私生活でもまた、キャリア30年超にして初めての経験をしている。親の介護である。

初めて親を介護施設のショートステイに預けたときのこと。「帰らないで」と親に泣きつかれ、号泣しながら帰ってきた。子育て中の部下の「初めての保育園」話を聞くうちに、妙に共感してしまったと苦笑する。

介護をするなかで、これまで知らなかった自分が見えてきた。

私生活でさまざま大変なことを引き受けながら仕事を続けること、そうした多面性をもつことの大切さを実感する日々だという。

「私は男性と同じメンタリティで仕事をしてきた、子育てもしていないから若い世代の参考にはならない」としきりに謙遜するが、こうした共感力、想像力がダイバーシティマネジメントの力となるのだろう。

メンターでありロールモデルの存在

高島屋の女性リーダーといえば、石原一子氏が知られている。

１９５２年に入社し、子育てをしながら常務取締役にまで就いた。東証一部上場企業のなかで初の女性取締役となり、その名を馳せた。

石原氏が引き上げたのが、１９７９年入社の肥塚見春さん。夫の海外赴任のためいったん退社した肥塚さんを、再雇用制度をつくって呼び戻した。肥塚さんもまた3人の子育てをしながらキャリアを重ね、２０１３年に女性として同社初の代表取締役となり16年まで代表取締役専務を務めた。

安田さんが高島屋への入社を決めた理由のひとつが、石原さんの存在だった。入社後も、「頑張るのよ」と折に触れて声をかけられたという。先述した大卒女性のためのプログラムも、当時の石原一子常務の音頭で始まったもの。このお陰で、20代の安田さんはのちのちの仕事の基盤となる売り場づくりを学ぶことができた。

そして肥塚さんとは、新宿店立ち上げメンバーとして机を並べてともに汗をかいた。「姉のような存在。折に触れて相談にのってもらった」と言う。まさにメンターであり、ロールモデルである。石原一子氏、肥塚見春氏、そして安田さんと、自然につくられたメンタリングチェーンが続き、女性役員が引き上げられていった。先輩の女性幹部が、ごく自然に後輩に手を差し伸べて引き上げる。男性と同様に、女性の間でもこうした自然な育成引き上げの文化が根付くと、裾野が広がっていくだろう。

高島屋は女性に機会が与えられる先進企業として知られている。

現在、スタッフの７割、正社員の約６割を女性が占める。バイヤーの半数も女性。女性管理職比率は３割を超える。執行役員を含めると役員待遇は16・１％が女性である（２０１９

年9月現在)。ただし、よくよく数字を見ると女性社員約6割ながら、女性管理職が3割なのはなぜか。ここに課題があった。石原氏は2人、肥塚氏は3人の子育てをしながらキャリアを積んだが、「(当時は)会社では子供がいることは一切口にしてはならない、と石原さんから厳しくいわれていた」と肥塚氏はかつてメディアのインタビューで答えている。

つまり男性型の働き方をしなければ、昇進できなかったともいえる。

しかし今は時代が違う。

男性のような働き方をしてまで昇進をしたい女性は少ない、いや若い男性もまた家庭との両立を望む時代になっている。そこで、同社が今力を入れるのが、子育てのために短時間勤務をしながらも昇進昇格できる仕組みだ。30歳前後の若手で育児のための短時間勤務者でも現場の責任者、チームマネジャーに就ける。また夕方4時半、5時半までの短時間勤務ながら、係長、課長に昇進した人が、２０１８年は8人誕生した。本人のキャリアロスを防ぐため、会社として優秀な人に最大限力を発揮してもらうためだという。

石原氏、肥塚氏のＤＮＡは受け継ぎつつ、安田さんは多様なライフスタイルの社員が働きやすい環境にと腐心をし、会社は制度を整える。女性リーダーに新たなキャリアパスが生まれようとしている。

安田さんのキャリアの軌跡

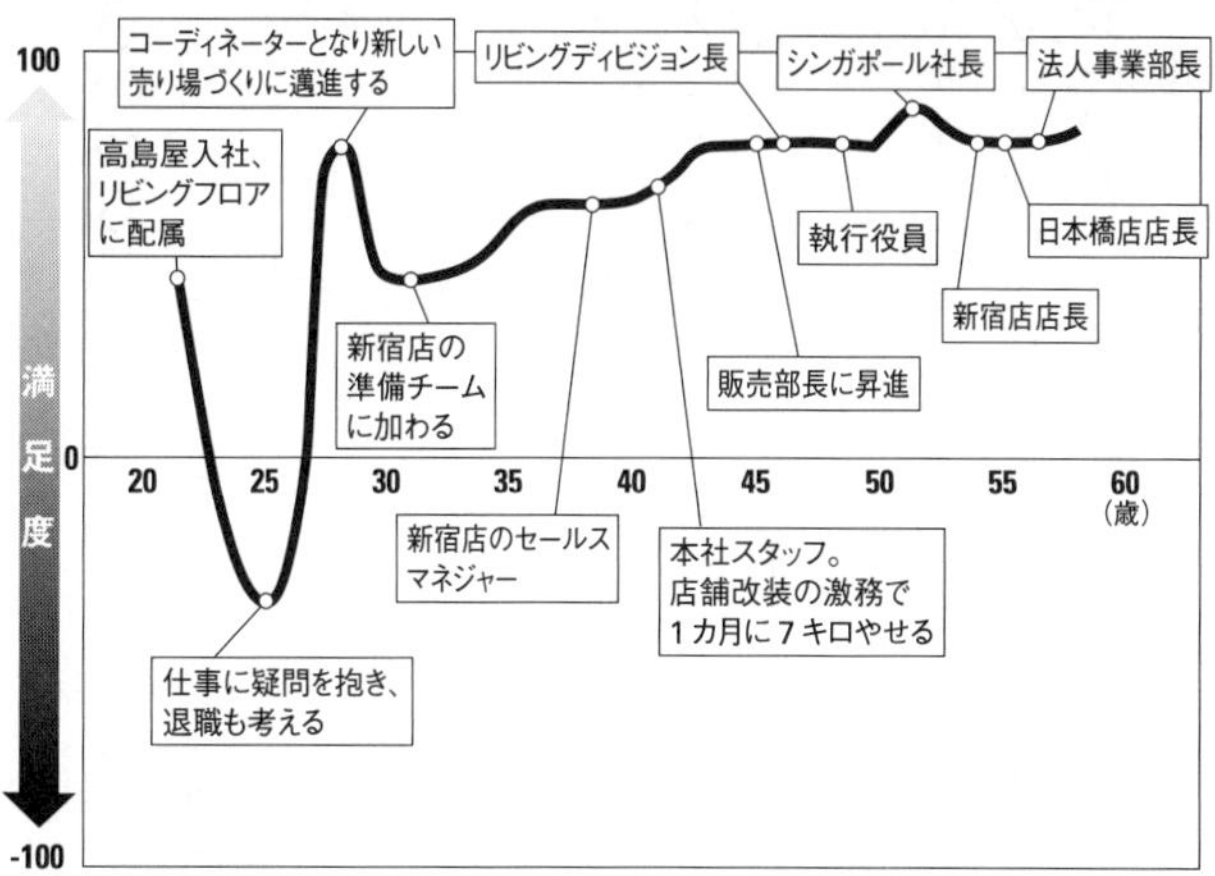

安田洋子（やすだ・ようこ） 1960年生まれ。83年、高島屋に入社、リビングフロアの配属となる。90年係長昇進。92年に新宿店の準備室配属となり、最初の立ち上げメンバー7人のうちの一人となる。96年に新宿店が開店、98年マネジャーに昇進。足かけ9年新宿店の立ち上げにかかわった。その後本社勤務を経て、2005年に日本橋店紳士雑貨・婦人雑貨販売部長。09年に執行役員広報・IR室長、10年執行役員・人事部長。12年から3年間、タカシマヤシンガポール社長。15年執行役員・新宿店長、16年執行役員・日本橋店長、17年執行役員・法人事業部長。19年に常務取締役営業推進部長に就く。

「二足のわらじ」を個性に――ジャズ演奏家としての顔も

パナソニック　テクニクスブランド事業担当参与　アプライアンス社副社長
技術担当（兼）技術本部長　テクニクス推進室長
小川理子《みちこ》さん（57）

パナソニック・アプライアンス社副社長の小川理子さんは、高級オーディオ機器「テクニクス」を２０１４年に復活させた責任者であり、ジャズ演奏家として活動することでも知られる。スポットライトを浴びるまでに、本人いわく「４回の脱皮」経験があったという。

高校一年生のとき、小川さんは坂本龍馬に心底ほれ込み、京都の霊山護国神社にある墓にラブレターを埋めるため足を運んだ。荒廃した墓を１９６８年に再建したのは松下幸之助であることは、もちろんその時は知る由もない。高校時代から坂本龍馬にひかれるあたり、もともと組織を変革するリーダーの資質があったのかもしれない。

小川さんが、高級オーディオ機器「テクニクス」を復活させるため、その責任者の命を受けたのは２０１４年、51歳の時だった。高級ブランドのイメージと、小川さんのジャズピアニストとしての経歴が重なり合い、ブランド価値の確立に一役買うことになる。新製品の発表会では常に華やかな空気をまとい、先頭に立ってプレゼンテーションをする。

とはいえスポットライトを浴びるのは一瞬のこと。大きな使命を負って、奔走する日々だ。ビジョンを描いて進むべき方向を示す、最先端の技術を結集して磨き上げる、技術と感性を融合させるブランド戦略を構築する。ブランド復活以来、黒字化という大きな課題も両肩にのしかかった。

パナソニックの看板ブランドだったテクニクスの復活は、社内技術者からのボトムアップで実現した。１９６５年から45年間、音楽ファンに愛されてきたテクニクスは、デジタル化の波に押されて２０１０年にいったん生産を終了した。その後もコツコツとマイクロコンポをつくり続けた技術者がいた。「これは素晴らしい。再びテクニクスブランドで発売したらどうか」と欧州の専門家から高い評価を得るほどの品質だった。意を強くした技術者は、会社にブランド復活を提案する。「自分たちにしかできないことを手がけるべきではないか」という社員の提案を、経営陣は受けとめた。最後に責任者を誰にするかという段になり、小川さんに白羽の矢が立ったのだ。

辞令を受けた小川さんは「まさにこれは私の使命である」と、武者ぶるいするような気持ちだった。新卒で配属された研究所での「ものづくり」、その後40歳間近にして手を挙げて異動したeネット事業本部での「サービス」立ち上げ、40代半ばにCSR部門に異動して開眼した「ブランド価値」の創造。この3分野で経験したすべてがつながると思ったのだ。

「音楽も仕事も中途半端だね」

実は何度か会社を辞めようかと思い悩んだこともある。手痛い失敗もあれば、挫折もあった。思い起こせば、これまでに4回の「脱皮」を経たことで、今があるという。

大学では生体電子工学を専攻、ラットの心臓がどういうリズムで動いているかを解析し、心拍や呼吸が臓器といかに連携しているかを研究するなかで、松下電器産業（現パナソニック）の音響機器開発に興味をもった。入社してすぐ配属された音響研究所は「世の中にないものをつくり出そう」という事業部だった。

開発にかかわった世界初の薄型大面積の壁面スピーカーは、ウィーン国立歌劇場に納入された。専門家から高い評価を得るような斬新な商品を次々生み出す職場だった。常識から抜け出した商品をつくり出して、どのように顧客に届けるか。そんな仕事が面白くて、寝食を忘れて没頭した。技術開発のみならず広報リリースも手がけるなど、一人何役もこなしたが、不満はなかった。

ところが、30歳の時、この新規開発プロジェクトの部署が解散してしまう。会社を辞めたほうがいいのか、結婚・出産も考えたほうがいいのか。休暇をとって一人ニューヨークの街を歩きながら、考えた。そんなとき、小川さんのピアノの演奏を聴いた上司が「ジャズ演奏を一緒にやらないか」と声をかけてくれた。

音楽活動を始め、職場ではオーディオの国際規格標準化を担当、「もう一度頑張ろう」と心に決めて、しばらくしてからのこと。

「仕事も音楽も、すごく中途半端だね」

信頼している先輩からこんな厳しい言葉をかけられた。軽い気持ちで音楽活動を始めたわけではなかったので、動揺した。

先輩の言うように、仕事も音楽も「中途半端」なままでいいのか。再び迷いの渦に入り込む。考えた末に出した結論が、音楽も仕事も追究することを自身の個性とする生き方だ。音楽を再現する技術開発者、音楽を生み出す演奏家、この２つを続けることでシナジー効果が生まれ、自分も成長するのではないか。こう決意したことが、最初の「一皮むける」経験となった。

希望した異動先でクレームの嵐

バブル崩壊により、次なる試練に直面する。オーディオ事業が縮小し、デジタルネットワークに移行しようとするなか、自分の仕事がなくなってしまうのではないかという危機感を抱く。

そんなとき、一人の先輩が「新しい仕事に挑戦してみないか」と声をかけてくれた。「ネットワーク事業には、音楽や映像のコンテンツに詳しい技術者がいない。そうした人材を求めている」というのだ。ならば新天地に移ろうと、意を決する。ネット上で異動を申し出る「eチャレンジ制度」で希望を出したところ認められ、大阪から東京に転勤、新サービス立ち上げを手がけることになった。

2001年、38歳の時のこと、インターネットビジネスの黎明期で世の中がわいていた。音楽、ハイビジョン、3Dなどの配信サービスを開発するという、まさに最先端の事業である。異動してすぐに「なんとこれまで外の世界を知らなかったのか」と目を見張った。入社以来身を置いたものづくりの世界では、数年かけてひとつの商品を開発してきた。しかしネットビジネスはスピード感が違う。アイデアが生まれたら半年ほどで新サービスを立ち上げて顧客に提供する。新しい世界を知ることが、「第2の脱皮」につながったという。

43歳の時、サービスチームのリーダーに就いてから思わぬ事件が起きる。デジタルカメラの購入者に提供する付随サービスとして、友人に写真を公開して共有するという新サービスを立ち上げようとしたときのこと。サービス開始日時をアナウンスしていたにもかかわらず、直前になってもバグが解決できない。結局、開始は3週間遅れとなってしまった。その間、担当部署は嵐のようなクレームに対応することになる。リーダーである小川さんもまた、来る日も来る日もクレーム対応を続けた。

「情けなかった。なぜもっと早く判断できなかったのかと」。ドッグイヤーといわれるなか、若手と一緒にスピード感をもって新しいものをつくっていこうと思ったものの、判断が甘かった。プロジェクトリーダーでありながら、そのプロセスをコントロールできていなかった。他部門と情報を共有して、第三者の目で進捗チェックをしてもらえば、警告を発してもらうこともできたはずだ。その後、新ビジネスを立ち上げるうえでの大きな教訓を得ることになった。

「インターネットのサービス立ち上げは難しい」。こう痛感する一方で、演奏家としての評価は高まっていた。米国のレーベルから声をかけられ、野球界でいうならメジャーリーグ級の演奏家とともにＣＤを発売することができた。これが英国の「ジャズ・ジャーナル・インターナショナル」誌で、評論家投票により年間ベストアルバムに選ばれた。音楽プロデューサーから「会社を辞めてプロになってはどうか」と、熱心な誘いを受けることになる。

再び会社を辞めるか、続けるべきか、逡巡した。社内外で人生の先輩らに助言を仰いだところ、賛否両論。とことん悩んだ末、再び「二足のわらじ」をはき続ける道を選んだ。「これまで成長できたのは、会社がさまざまな経験をさせてくれたからこそ。オーディオ機器の開発者になっていなければ、ジャズとの出会いもなかった。音楽と仕事を両立させるのは、自分にしかできない選択ではないか」。ネットサービス事業の失敗と両立への迷い、これを乗り越えたことが「3度目の脱皮」につながった。

失敗で得た反省を生かして、再び20代の若手社員とともに、新規サービスを次々と立ち上げていくことになる。

ＣＳＲの責任者として、東日本大震災に対応

次なる脱皮は、40代半ばでＣＳＲ部門に異動したことが契機となった。「ものづくり」から「サービス」へ、そして「ＣＳＲ」へ。これまで経験してこなかった世界で、新たな視点を得ることになる。

「そもそもＣＳＲって何だろう？」。新しい部署での仕事は、そんな自問自答から始まった。欧米から輸入された考えではあるものの、松下幸之助の創業理念に立ち返ってみると、企業には社会貢献の使命があると説いている。「企業は社会の公器である。したがって社会とともに発展していくものでなければならない」という言葉もそのひとつ。陰徳とばかり「社会貢献」と唱えてこなかっただけのこと。そこで、自社のブランドコミュニケーション、社会貢献活動を本業に近づけたところで実行しようと旗振りを始めた。

世界の無電化地帯で始めた、ソーラーランタン10万台プロジェクトもそのひとつ。アジアやアフリカの無電化村に太陽光をエネルギーとするランタンを贈った。その結果、子供たちが夜も勉強ができるようになり学力が向上した、灯りをつけることで鶏など家畜の盗難が防げるようになった、仕事ができる時間が延びて収入がアップした、といった報告が、次々に

上がってきている。

新興国に若手社員を派遣するプログラムも始めた。目的は社会貢献にとどまらない。社会課題解決に取り組むことで意識改革をはかり、本業に新たな視点を取り込もうというものだ。社員を無電化村にボランティアとして送り出したり、ＮＰＯ法人と連携して新興国で就業体験をさせたりしたところ、「帰国した社員の意識の変わりように目を見張った」と言う。

ＣＳＲ部門で着実に歩み始めた頃、東日本大震災に遭遇する。阪神・淡路大震災の資料を見ても、規模も違えば、現地ニーズも異なる。何ひとつ指針がないなかで、自治体と連絡を取り合い、ＮＰＯ法人と組んで社員を次々とボランティアとして送り出した。乾電池を送るなど物資支援も行った。まさにリーダーとしての力量を問われた出来事だった。

こうして４回の脱皮を経て、一回りも二回りも大きくなったところで、テクニクスブランドの復活指揮を任される。「これは使命である。使命とはこういうことか」と思ったと言う。経営理念に掲げられる、「使命」「ミッション」という言葉が、ようやく腹落ちすることになった。

リーダーとしての座右の銘は「天然 自然の理」。宇宙そして自然には、原理、真理がある。リーダーとして決断するには、周りに惑わされず、原理、真理、そして実相を見抜いていかないといけない。いいことがあっても、ざわついてはいけない。悪いことがあっても、必要以上に落ち込むことはない。常に本質を見据えることが肝要である。肝に銘じるこの言葉は、坂本龍馬から学んだという。高校１年生のとき龍馬の墓で手を合わせた少女は、パナソニックを率いる役員となり、その言葉を胸に新しい世界を切り拓こうとしている。

生え抜き女性役員、３つのポイント

パナソニックで、初の生え抜き女性役員となったのは、炊飯器の開発などで実績を上げたことで知られる宮井真千子さん（現在は退任）。２人目の生え抜き女性役員となった小川さんは、52歳の若さで執行役員に就いた。ここに至るまでのキャリア形成で、ポイントとなる点を３つ挙げたい。

第一に、入社間もない「初期キャリア」で、仕事の醍醐味を存分に味わったことだ。これまで世の中になかったような新商品を生み出すという新規事業チームで、本人いわく「寝食を忘れて仕事に打ち込んだ」。この経験があったからこそ、大きな挫折をしたとき、そして演奏活動との両立に悩んだとき、「これまで会社が成長の場を与えてくれた」と踏ん張ることができたのだろう。

小川さんが入社して間もない頃は、女性社員は始業前に早めに出社して掃除をするのが慣例だった。まだ雑用は女性の仕事という意識が根強かったものの、肝心の新商品開発は男女差なく任されたことが幸いした。特に女性の場合、入社後間もなく「仕事が面白い」というスイッチが入るかどうかが、その後さまざまな壁を乗り越えつつ社内で踏ん張るうえで大きなポイントとなる。

その後、40歳を目前にして未経験の部門に異動を願い出たチャレンジ精神も、「初期キャリア」で味わった仕事の醍醐味と無縁ではないだろう。一般的に女性社員は、男性に比べると、「異動・転勤」に尻込みする傾向がある。しかし、仕事は面白いという初期設定がされたなら、新たな分野へ挑戦する気持ちも強くなる。

第二に、新規事業での成功体験、そして失敗体験で大きな成長を遂げたことだ。本人にチャレンジ精神があったこと、そして「失敗から学ぶ力」があったことが成長につながったのはいうまでもないが、職場にもまた成長を育む環境があった。

20代の若手社員時代、30代の中堅社員時代、40代後半のマネジャー時代、それぞれのステージに応じた挑戦の機会が、男女差なく与えられた。さらには、仕事に行き詰まったとき、挫折したとき、職場の上司や先輩がさりげなく手を差し伸べて、視野を広げる手助けをしてくれた。女性リーダーの取材をすると、必ずや陰ながらサポートしてくれる「斜め上」の役職者の存在がある。女性幹部を育てるために、メンター制度を導入する企業も少なくないが、自然な形でメンターに出会うことができるのが理想だろう。

第三に、社外活動を通して「自分にしかない強み」を築くことができたことだ。小川さん自身悩みながらも、音響機器をつくり出す技術者という仕事と、音楽家としての活動をシンクロさせて個性としようと腹をくくった。これを上司や先輩が応援してくれた。

ここ数年、社外活動をすることは、本業にこれまでにない視点や価値をもたらすとして「副業解禁」とする企業が出てきているが、小川さんは先駆的な例といえそうだ。本業に大いに関係のある分野とはいえ、職場の上司、同僚が社外活動を後押ししたことが、唯一無二の強みを築くことにつながった。

ジャズ演奏家にして、音響機器開発の責任者という役割は、なるべくしてなったと見られがちだが、その道のりには成長を支える職場環境、そして本人の自律的なキャリア意識があったのだ。

小川さんのキャリアの軌跡

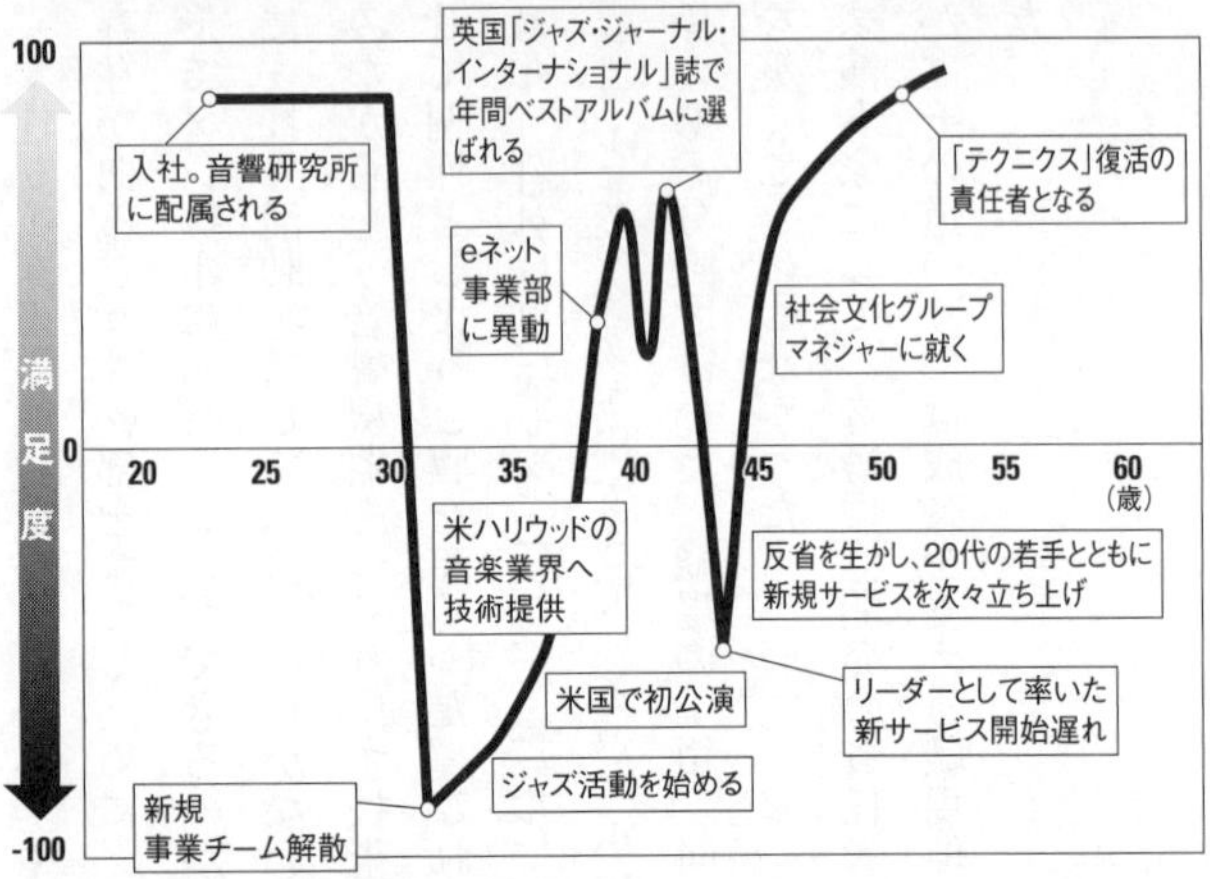

小川理子（おがわ・みちこ） 1962年生まれ。1986年慶應義塾大学理工学部卒、松下電器産業（現パナソニック）入社。音響研究所、マルチメディア開発センターでの研究開発を経て、2001年ｅネット事業本部へ。08年社会文化グループに異動。11年同社理事就任。14年にアプライアンス社でテクニクス復活の責任者となり、15年にパナソニック執行役員に就任。17年アプライアンス社副社長。18年、技術担当（兼）技術本部長。19年10月、テクニクスブランド事業参与、アプライアンス社副社長、技術担当（兼）技術本部長、テクニクス事業推進室長。19年からマツダ社外取締役を兼務する。

コラム　増える女性取締役、ESG投資も後押し

日本で役員に占める女性の割合は5・2％（2019年7月末現在、東洋経済新報社『役員四季報』）。欧米が2～4割に達しているのに比べ、あまりに少ない割合だ。とはいえ数だけでいうと大きく伸びており、この10年で約4倍になった（図表1、168ページ）。2019年7月時点で、東証一部では3割の企業が女性取締役を置いている（企業統治助言会社プロネッド調べ）。

増加のきっかけは、2013年に遡る。安倍晋三首相が成長戦略の大きな柱のひとつに女性活躍推進を掲げ、そのなかで「上場企業は最低一人女性役員をおいてほしい」と産業界に要請したのだ。その後、2018年に改定されたコーポレートガバナンスコード（企業統治指針）では、上場企業に1人以上の女性取締役を登用することを促し、女性取締役がいない場合は投資家への説明を求めた。政府が旗振り

図表1　女性役員数はこの10年で約4倍となった

(出所) 東洋経済新報社「役員四季報」。調査月は毎年7月。調査対象は、全上場会社。役員は、取締役、監査役。指名委員会等設置会社の代表執行役、執行役を含む。取締役ではない顧問や執行役員は除く。

をするのは、単に女性活躍を推進するため、その象徴としてだけではない。

「リーマン・ブラザーズが、リーマンブラザーズ＆シスターズだったなら、リーマンショックは起きなかったのではないか」

安倍首相は、女性が集まるシンポジウムで度々こう口にする。つまり経営陣が男性、白人、アングロサクソンという均質な集団だったがために「グループシンキング」（集団浅慮）が起き、リスクヘッジができなかったというのだ。経営陣に女性を含めて多様性を高めることで、ガバナンスを強化できるという。

女性取締役の割合と企業業績には正の相関があるという調査結果も、海外では度々発表されている。ただし、女性役員が複数名なら業績へのプラス効果が見られるが、１人では影響がないとする分析もある。マッキンゼー・アンド・カンパニーが２０１８年に発表したレポートでは、経営陣に占める女性の割合が多い企業上位25％と下位25％の企業を比較したところ、企業の収益性を表すＥＢＩＴマージン[*1]が、前者のほうが２割も高いことが示されている（図表２）。

図表２　女性取締役の割合の高い企業のほうが収益性が高い

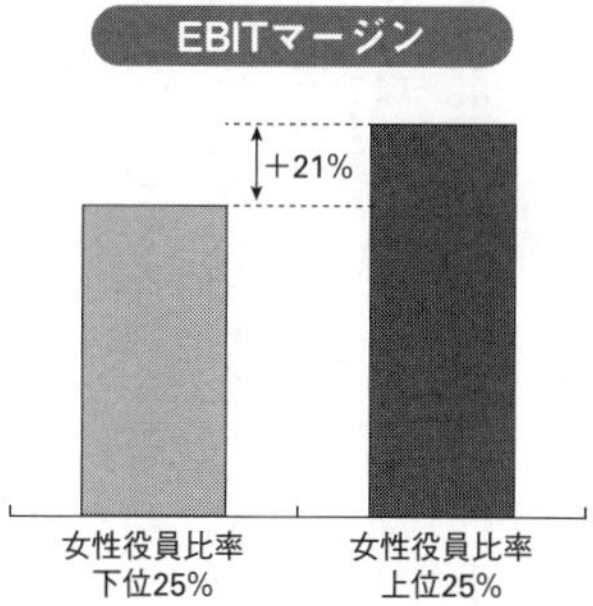

（出所）マッキンゼー・アンド・カンパニー“Delivering through Diversity”（2018）。EBITマージンとは、企業の本業での収益力を表す指標（＊1）

これはあくまで正の相関を示すものなので、女性取締役が増えれば業績が伸びるといった単純な因果関係を語ることはできない。ではなぜ、正の相関があるのか。おそらく性別、年齢問わず優秀な人にチャンスを与え引き上げるような文化がある企業では女性役員が誕生しやすい、また社員のやる気も高まる、その結果として業績も伸びる。そこで正の相関が生まれるのではないかと考えられる。

また、クオータ制（割当制）により女性役員を一気に増やした欧州連合（ＥＵ）では、女性が取締役会に加わることで従来にない視点が入り「『そもそも』を問い直す機運が高まった」という声が挙がる。これにより議論が活発化したり、業務改善につながったりといったプラス面がみられるという。

このように取締役会に女性を登用することはガバナンスを高め、企業に持続的な成長をもたらすとされる。こうした問題意識のもと、女性の力をもっと活かさないと日本は危ういという危機感を抱く経営トップらが、自らの組織だけでなく日本社会全体に働きかけていこうとタッグを組んで動き始めた。ＣＥＯや大学学長らが集まる「30％クラブ」という組織が、２０１９年5月に日本に誕生したのだ。女性の取締役30％を目指して働きかけていくという英国発祥の組織で、日本は14カ国目の加盟国となった。資生堂の魚谷雅彦社長を代表に経営トップ46人が集まる（２０１9年11月現在）。同クラブは、日本ではＴＯＰＩＸ１００社で２０３０年までに女性取締役30％という目標を掲げている。

ＥＳＧ投資への関心の高まりも、女性役員登用を促すきっかけとなっている。企業への投資にあたり、環境（エンバイロンメント）、社会（ソーシャル）、企業統治（ガバナンス）といった非財務情報を重視するもので、この３つの英語の頭文字をとってＥＳＧ投資と呼ばれている。女性取締役は、このＥＳＧ投資のなかでもＳ＝社会とＧ＝企業統治の重要な指標のひとつとなっており、特に海外の機関投資家は、投資候補企業の女性取締役比率を必ずチェックするという。

では企業が女性取締役を登用するにあたり、企業統治を高め成長につなげようと考えているかというと、必ずしもそうとはいえない。機関投資家からの圧力や外的環境への対応のため、といった企業も少なくない。実際に機関投資家は株主総会で議案に賛成票を投じるにあたり、女性取締役の有無を問うようになってきた。また株主総会でひな壇に並ぶのは男性ばかりという光景を見て、個人投資家から「なぜ女性役員がいないのか」と質問される場面も増えている。

プロネッド社の調べによると、女性取締役が増えているとはいえ、その大半が社外取締役で８割を占める。主な経歴を見ると弁護士、大学教授が多く、併せて５割近くを占める。上場会社の役員経験者（執行役員以上、社外取締役を除く）は７・５

％にとどまる。これに対し男性社外取締役は役員経験者が最も多い。男性に比べて女性の役員経験者は圧倒的に少ないため、社外に人材を求めていることが窺える。

残り2割は、社内生え抜きである。東証一部で女性社内取締役を選任している企業は１９１社、全体の８・９％にあたる。売上１兆円以上の企業でいうなら大塚ＨＤ、味の素、アステラス製薬、小松製作所、ＩＨＩ、東邦ＨＤ、ソニーフィナンシャルＨＤ、ＮＴＴドコモ、ヤマダ電機である（プロネッド社調べ、２０１９年7月１日現在）。

社内登用しようにも経験値を積んだ女性が少ないと企業側が考えていることが見てとれる。プロネッド社の酒井功社長が提案するのは「執行役員の女性を、より小規模な企業の社外取締役と兼務させ、数年後に自社の取締役とする」というキャリアコースだ。女性を経営陣に引き上げるには、こうした戦略も有効かもしれない。

＊1　ＥＢＩＴマージン…金利税引前利益であるＥＢＩＴ（Earnings Before Interest and Taxes の略）を売上高で割ったもの。収益性の指標とされる

第三章

女性役員たちのキャリア分析

「一皮むける経験」、男性役員との違い

女性役員への道のりは、男性と何か違いがあるのだろうか。どのような職場環境が女性役員を育てるのか。

結論から言ってしまおう。女性役員への道のりは、男性のそれと大差ない。もう少し丁寧に言うなら、男性と大差ない経験を積んだ（積むことができた）女性が、生え抜きで執行役員になる時代を迎えている。その第一世代が、第一章で紹介した女性役員たちだ。野村証券専務執行役員の鳥海智絵さん（54）であり、ホンダ執行役員の鈴木麻子さん（56）、みずほ証券執行役員の絹川幸恵さん（55）などである。

各社の生え抜き女性執行役員らをみると、50代半ばが多い（巻末「女性役員の『一皮むけた経験』まとめ」〈310～313ページ〉参照）。1986年に男女雇用機会均等法が施行されて間もなく入社した均等法世代である。しかし、女性総合職一期生ではなく二期生という人が多い。一期生は会社がどう処遇していいかわからず珍獣扱い。風当たりも強かった。その先輩らが少しだけ風よけになってくれたおかげで、二期生が生き残ることができたのかもしれない。

役員への道に男女差がない5つの理由

女性役員への道のりは男性役員と大差ない、その理由を5つ挙げたい。

第一にキャリアの初期で、仕事を任せて鍛えてくれる上司と出会っている。そんなことは当たり前だろうという人もいるだろう。しかし、今なお女性総合職をどう鍛えたらいいのかわからない、男性と同じように営業現場に出すと顧客から文句をいわれる、と戸惑う管理職は少なくない。無意識のうちに男性のほうにより厳しい、成長につながるような仕事を与える管理職もいる。そうしたなかで数十年前から先進的な上司に恵まれ男女差なく鍛えられてきた女性が、成長の機会を得て役員に就いている。

例えば、パナソニックの小川理子さん（57）は新卒で配属された新規事業部門で「世の中にない音楽機器を開発する」というミッションのもと、寝食を忘れるほど仕事をしたという。ホンダの鈴木麻子さんは、通算14年に及ぶアジア赴任を経験するが、海外ビジネスの基礎は20代から席を置いた海外事業部門で叩き込まれた。

初期キャリアで、性別を問わず育ててやろうという育成マインドのある上司に恵まれるか否か。これは女性にとってキャリア形成の重要なポイントとなる。今回紹介した10人に共通するのは、こうした上司に恵まれたことである。

2つ目は、転勤も海外赴任もいとわずキャリアを築いてきたことだ。キリンの神崎夕紀さん（56）は、福岡で地域限定職として入社しながらも次のステップに進むため、神戸工場立ち上げに参画したいと手を挙げた。日本航空の屋敷和子さん（62）も、地域限定の一般職で入社しながらも、管理職になってから神戸、札幌と転勤を経験した。2人とも「いつの間にか全国型総合職になっていた」と笑う。ホンダの鈴木麻子さんは、30代半ばでタイに赴任する際に結婚していたが、単身赴任の道を選んだ。

女性にとって転勤がキャリア形成の壁となるといわれているが、少なくとも今回紹介した10人にとって転勤が壁となることはなかった。国内のみならず海外への転勤もあり得るという従来の男性型キャリア形成と同じコースを歩んできた、だからこそ役員への道が拓けたともいえる。ただし、幹部候補の総合職に転勤を命じることが果たしてプラスになるのか、転勤を織り込んだキャリアパスを見直すべきだという議論もあり、今後は昇進にも多様なコースが用意されることになるだろう。

3つ目は、修羅場の経験である。仕事を長年続けていれば、修羅場のひとつや2つあるだろう、そう呟く人もいるだろう。ところが、修羅場を経験できるほど大きな仕事を任されたり、重責を担わされたりした女性が、これまでどれほどいただろう。

楽天の河野奈保さん（43）は、執行役員に就いて間もなく楽天優勝セールの値引き問題で記者会見の場に立ち、批判の矢面にさらされることになる。みずほ証券の絹川幸恵さんは、43歳の時に部長をクビになる経験をしている。パナソニックの小川理子さんは、40歳前後でネットサービスの部門に社内公募で手を挙げて異動したものの、新サービス立ち上げで開始の遅れという手痛い失敗をしている。

過酷な経験、失敗体験、こうした経験により「胆力」をつけた人たちがさらに上のステップに進んでいる。少数派の女性幹部は、多数派である男性からの無言の圧力を感じながらも、それをものともせず結果を出さなくてはいけない。そのためには、胆力なくして生き残れないのだ。

4つ目は、「目をかけ引き上げてくれる人」に早い時期に巡り合っている。よき相談相手であるメンター、昇進の手助けをしてくれるスポンサーに恵まれたのだ。

高島屋の安田洋子さん（59）の場合、同社初の代表取締役となった元専務の肥塚見春さんがメンターとして支えてくれた。肥塚さんはまた、同社初の女性取締役石原一子さんに引き上げられた。女性役員のメンタリングチェーンが続き、女性役員を育ててきたともいえる。

JFEホールディングスの馬場久美子さん（54）は、前職の東芝時代に西田厚聰社長（当時）から大局的な判断を学んだという。楽天の河野奈保さんは、20代の若さで三木谷浩史社長から新規プロジェクトを任された。鎌田由美子さん（53）もまた、JR東日本でエキナカを立ち上げるにあたり、直属上司の新井良亮氏など経済界でも著名な経営者から教えを受けた。優秀ならば男女を問わず目をかけて引き上げる、こうした上司に巡り合わない限りチャンスは訪れない。

組織でチャンスをつかむために必要なメンターにせよスポンサーにせよ、優秀な男性幹部にとっては当たり前の存在であっただろう。しかし、長らく女性にとっては、性別に関係なく引き上げてくれるような上司に巡り会える機会は限られていた。第一・二章に登場した10人は、幸いにもそうした上司に恵まれた。そうした「幸運」任せではなかなか女性幹部は育たないとして、スポンサー制度、メンター制度といった仕組みを設けて、経営幹部と女性の管理職候補を人事部が引き合わせることも過渡期の策として求められている。

第五に、「ガラスの天井」も「ガラスの壁」もなかったことだ。女性が上のポストを目指そうとすると見えない天井にぶつかるとする「ガラスの天井」はよく知られている。これに加えて、女性は往々にして人事、広報、経理、法務など専門性を問われる部門でキャリアを積むことが多く、経営層になるために必要な製造、営業、製品開発、経営統括といった部門で経験を積む機会が限られていた。このように女性の配属が専門性の高い特定の職域に限られてしまうことを「ガラスの壁」と呼ぶ。今回登場した10人は、いわゆる女性職種に限られることなく、幅広い経験を積んでいる。この点でも男女差のない経営層へのキャリアパスといえそうだ。

ライフイベントがキャリアに影響

「まえがき」で触れたように、『仕事で「一皮むける」――関経連「一皮むけた経験」に学ぶ』（光文社新書）という本が２００２年に上梓されている。関西経済連合会が神戸大学の金井壽宏教授の指導を受けながら、会員企業20社20人の経営幹部に「一皮むけた経験」の聞き取り調査を行った結果をまとめたものである。このときの調査対象、20人の経営幹部は全員男性だった。金井教授は、「当時は女性幹部が少なく調査対象とならなかった。男性役員と大差ない経験を積んだ女性役員が出てくるなど、10年前、20年前では考えられなかった」と言う。

当時の関経連調査では20人から「一皮むけた経験」を導き出している。本書のインタビューでは10人から45の経験を聞き取ることができた。これを比較した図表3－1を見てほしい。一皮むけた経験を、関経連の分類にそって「入社初期の配属」「初めての管理職」などに分類してみた。ここからも、男女に大差はないといえそうだ。

少し差があるとするなら「新規事業・新市場開発などゼロからの立ち上げ」「プロジェクトチームへの参画」の経験が女性役員にはやや少ない。パナソニックの小川さんのようにネットサービスをゼロから立ち上げた、また元ＪＲ東日本の鎌田さんのように「エキナカ」という新規プロジェクトを成功させたというダイナミックな経験を積んだ人もなかにはいるが、男性に比べるとリスクの高い新事業を任される機会が少し限られているのかもしれない。

また「悲惨な部門・業務の事態改善・再構築」の経験も、男性に比べると少ない。汚れ仕事は女性にやらせられないという配慮なのか、あるいは難易度の高い仕事は男性でなくては無理だろうという判断なのか、理由は定かではないが、成長につながるハードワークの機会が男性に比べるとやや限られるのかもしれない。

ところで、女性役員の一皮むけた経験を分類するにあたり、分類項目「異動・配属など」に、どうしても収まりきらないものがあった。「ライフイベントの仕事への影響」である。そこで女性役員ならではの「一皮むけた経験」の項目として、これを追加することにした。

図表3-1　異動・配属による「一皮むけた経験」の分類

		女性役員	関経連調査 ＊注1
①	入社初期の配属	6	5
②	初めての管理職	1	2
③	プロジェクトチームへの参画	0	4
④	ラインからスタッフ部門・業務への配属	1	2
⑤	新規事業・新市場開発などゼロからの立ち上げ	9	20
⑥	悲惨な部門・業務の事態改善・再構築	4	10
⑦	昇格・昇進による権限拡大	6	7
⑧	その他、上記以外の異動・配属など ＊注2	11	12
⑨	ライフイベントの仕事への影響（育児、介護など） ＊注3	7	——
	計	45	62

＊注1　関経連調査は、『仕事で「一皮むける」』P27から抜粋
＊注2　女性役員の⑧その他は11個のうち、左遷・降格が2、人からの影響が1、留学が1
＊注3　関経連調査にないが、女性特有のものとして追加した項目

図表3-2　「一皮むけた経験」が生じた時期

	女性役員	関経連調査 ＊注1
20代前半	1	4
20代後半	6	4
30代前半	9	10
30代後半	8	17
40代前半	9	11
40代後半	8	10
50代前半	4	6
50代後半	2	4

＊注1　関経連調査は『仕事で「一皮むける」』P28のグラフをもとに推計。22歳大卒で入社1年目として算出

みずほ証券の絹川さんは、子供が長期入院をしたことがキャリアの大きな転機となった。JFEホールディングスの馬場さんは、子育てとの両立で味わった理不尽さが大きなバネになったという。子育てのみならず、親の介護経験を通してキャリア観の転換があったという役員も少なくなかった。

人は生涯を通じて成長する

「一皮むけた経験」はいつ生じたのか。年代ごとにまとめてみると、図表3－2（181ページ）のように20代から50代に至るまで、すべての年代にわたる。「人は生涯にわたって発達する」と金井教授は言う。なかでも40代を迎えると、自分と一緒に働く人にどのような学びを与えられるかという「世代継承性」が求められるようになるという。経営幹部として、職場のリーダーとして部下をどのように育てていくかが問われるのだ。

再び関経連調査から男女の比較をしてみよう。関経連では入社何年目の経験かで分類しているため、かりに22歳で入社一年目としての推計値で比較するが、やはり全世代にわたっている。女性役員との違いをしいて挙げるなら、男性には30代後半で山があることだ。男性の場合、課長職手前の年代で管理職昇進に向けて大きな経験をさせる傾向があるのかもしれない。

さて、読み進めるうちに自分にとっての「一皮むけた経験」は何だろう、と思った人もいるだろう。金井教授はこんな助言をする。まずは一皮むけた経験を書き出してみること。そして、その意味を理解するために自分なりに「意味づけ」をする。大切なのはややネガティブに振り返りがちな反省ではなく、自分の来し方をもとに将来を展望するための内省だという。一つひとつの経験が自分にとってどんな意味があったのか、その経験からどんな学びを得て、どう成長したのかを掘り下げるのだ。特にキャリア形成上、異なるステージに入ったときに、その意味を深く内省するといいという。

マイノリティ経験が経営に生きる

今回紹介した10人の共通項として、マイノリティの経験があることが挙げられる。

野村証券に総合職として入社した鳥海さんは、総合職の同期３００人中女性は７人。次々に同期の女性が辞めていき、ついに１人になった時期もある（１人が復帰して、のち２人となった）。同期３００人中女性は１人、このプレッシャーは男性社員にはわからないものだろう。キリンの神崎さんも、工場勤務で技術系の女性社員はほとんどいないという時代が長かった。総合職として働き続ける女性というだけでマイノリティであり、さらに幹部として階段を上がるにつれ、紅一点という場面が増えることになる。

ライフスタイルでも、子育てしながらハードワークをこなす女性社員はごく少数、マイノリティの筆頭だった。今回登場した10人のうち独身が４人、既婚者６人。子供のいる人は２人である。ＪＦＥホールディングスの馬場さんは子育てとの両立に苦慮した数十年前は「（社会全体が）性別役割分業意識も根強く、理不尽な思いをたくさんした。これが奮起するエネルギーにもなった」と言う。

しかし今やマイノリティの視点をもっていることは、強みである。

マイノリティだからこそ、マジョリティの課題が見えてくる。少数派だからこそ苦労して「一皮むけた経験」をすることもあった。だからこそ多様な働き方、ライフスタイルの社員に対する配慮が必要だということが肌でわかるのだ。女性役員は概して、こうしたダイバーシティ・マネジメントの感度が高い。これからの時代、経営陣にも管理職にも求められる視点である。

リーダーシップ・スタイルでもまた、女性役員らは新しいスタイルを実践する人が多い。上下関係で引っ張るのではなく、部下のリーダーシップを育み主体的に動くことを促すリーダー。いわゆるサーバント型リーダーシップである。日本航空の屋敷さんは、経営破たん後のグループ研修に、あえて係長クラスの次世代リーダーを送り出した。これから会社を担うのは若手リーダーである、ボトムアップで組織を変革するべきだと考えたのだ。高島屋の安田さんもまた、リーダーとフォロワーが時に入れ替わる組織のほうが強いというのが持論。部下の声によく耳を傾ける。

マイノリティの視点、ダイバーシティ・マネジメントの感度、サーバント型リーダーシップ、女性役員らの采配からは、新しいリーダー像が浮かんでくる。こうした経営者が増えていくことで、日本の企業も少しずつ変わっていくのだろう。

女性幹部を育成する5つのポイント

女性幹部を育成するためのヒントを、10人の軌跡から探ってきた。しかし、これだけでは十分ではない。というのも、10人が育ってきたときと今では、環境も違えば、時代の要請も違う。今求められているのは、女性幹部の育成を急ぐこと、その変化を加速させることである。そのためには、女性社員や女性管理職を引き上げるための特別な施策、いわゆる「ポジティブアクション」が必要である。

そのポイントとして、次の5つを挙げたい。

①トップダウンで、必要性を繰り返し説く
②経営戦略に組み込み、目標を定める
③管理職の育成責任を明確にする
④女性社員のキャリア意識を高める
⑤アンコンシャス・バイアス（無意識の偏見）の影響を取り除く

以下、詳しく見ていこう。

①トップダウンで、必要性を繰り返し説く

第一に、トップダウン。経営トップが繰り返し社員に向けて、ダイバーシティ推進の必要性を説くこと。自社にとってなぜそれが必要なのか、いかに経営にプラスになるかストーリーをもって語ることが必要だ。ダイバーシティ推進は、総論賛成・各論反対となりがちだ。「考え方は結構だが、自分の部署では無理だ」「そもそもわが社には、優秀な女性がいない」

といった声が挙がることも少なくない。

ダイバーシティ推進を業績向上につなげるには時間がかかる。経済産業省の「ダイバーシティ2・0検討会報告書～競争戦略としてのダイバーシティの実践に向けて～」でも、ダイバーシティ推進は短期的にはコストとなりがちだが、中長期的には企業価値を向上させることが報告されている。取り組み始めてすぐに成果は現れない。社内の抵抗勢力も根強く、短期的にはマイナス面も出てくる。だからこそ、ぶれずに重要性を説くトップのコミットメントが必要なのだ。

②　経営戦略に組み込み、目標を定める

第二に経営戦略に組み込み、目標を定めて計画的に進める。女性活躍推進の専門部署を社内に置いて責任者を決め、経営会議での報告事項とするなどだ。女性管理職比率など数値目標を定めてしまうと、数字ありきになり無理な登用につながりかねないという反対意見も根強い。しかし、経営戦略と定める限り、目標数値がないことのほうが不自然だ。

会社としての目標を定めて公開し、計画的に取り組むほど、社内の意識改革につながる。

筆者が目白大学客員研究員の川﨑昌氏と共に、大手企業25社を対象に行った「リーダーシ

図表3-3　女性管理職育成計画と性別役割分業意識の関係

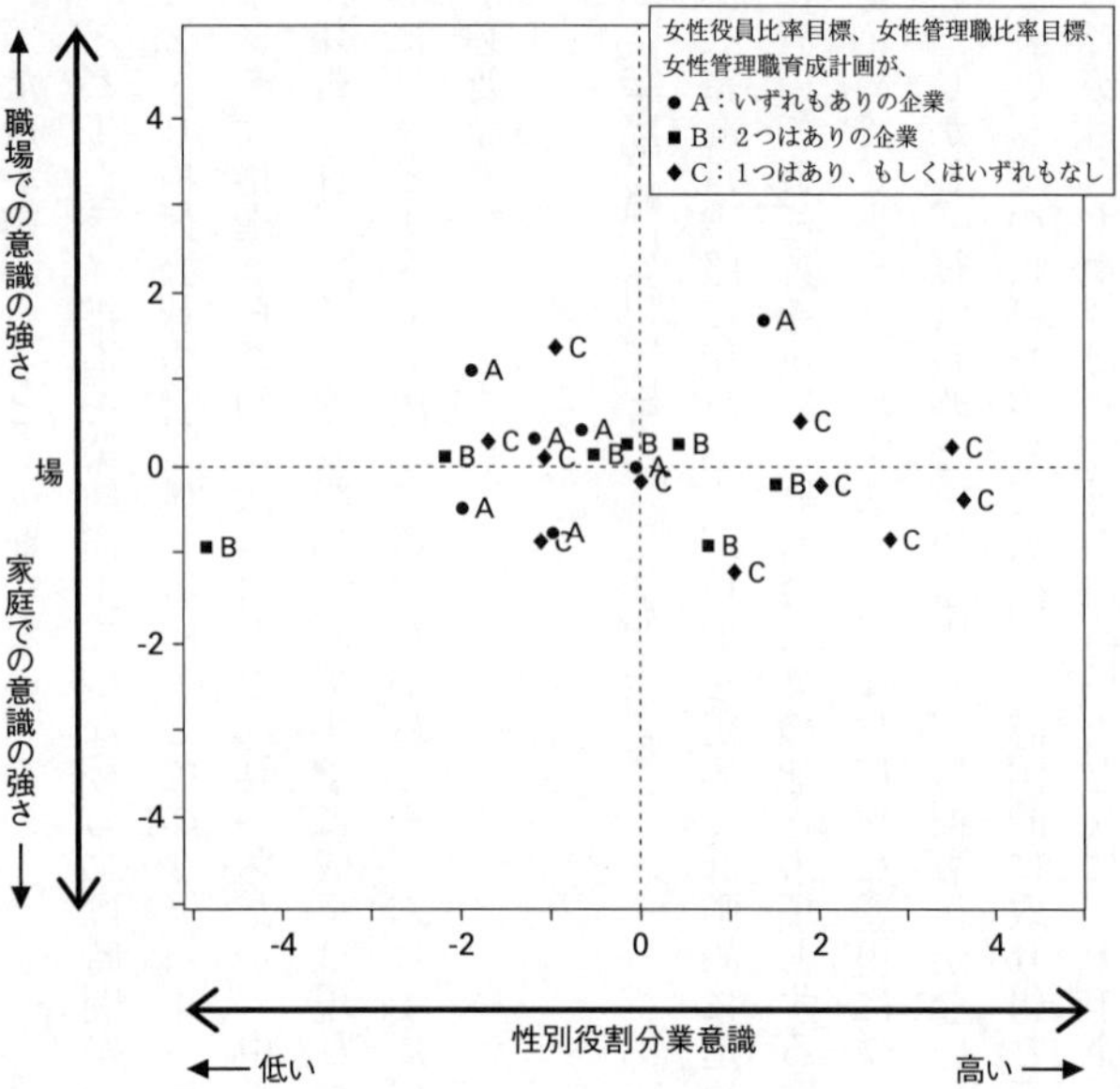

（出所）「女性リーダー育成につながるダイバーシティ推進施策」（2018年12月、人材育成学会発表論文、野村浩子・川崎昌）

ップ・スタイルとジェンダー・バイアス」に関するアンケート調査によると、女性幹部育成の目標を定めて計画的に行う企業ほど、社員の性別役割分業意識が低いことがわかった（図表3－3）。

具体的にいうと、女性管理職比率、女性役員比率の目標値を定め、女性管理職の育成計画を定める企業ほど、男女の役割分担意識が低い。

経営戦略のなかに位置づ

けてＫＰＩ（重要なパフォーマンスの評価指標）をもって進めていくこと、そして目標値「見える化」により会社の本気度を示すことで、社員の意識が変わっていくのではないか。

③ 管理職の育成責任を明確にする

第三に、管理職の育成責任を明確にすることだ。管理職候補となる女性社員のリストをつくり、一人ひとりの育成計画をつくる企業は珍しくない。職務経験や既に身についている能力を精査し、これからどの職場でどのような経験を積ませるかを人事担当と直属上司が話し合う。人事の間では「バイネーム」の育成計画と呼ばれている。

さらに、管理職の評価項目にダイバーシティ推進を組み込む企業もある。残業時間の削減といったワークライフバランスの実現、女性社員の育成などを、管理職評価の項目に入れることで、管理職自ら動くように促すのだ。

④ 女性社員のキャリア意識を高める

第四に、女性社員のキャリア意識を高める。長期の視点でキャリアを考えさせる研修を行ったり、社内外のロールモデルに触れる場を設けたりと、各社工夫をこらしている。管理職となった女性をさらに引き上げるためには、「孤立させない」「視座を上げる」ことも重要だ。女性管理職、役員は上の階層にいくほど少数派となり「点」の存在となりがちである。いわゆるオールドボーイズネットワークの結束はかたく、幹部として必要な情報が入ってこないこともある。上層幹部と接する機会が限られると、視野が広がりにくい。

これにはいくつかの施策がある。

ひとつは、野村証券（第一章）、キリンビール（第二章）で先に紹介したように「メンター」や「スポンサー」をつけること。直属の上司ではなく、斜め上の管理職を相談役として人事が紹介するメンター制度は既に浸透している。

さらに積極的に昇進の手助けをするスポンサーを人事が仲介して指名するスポンサー制度は、2010年代に入り先進国に広がりつつある。女性をはじめ少数派の社員を引き上げるためには、メンターだけでは十分ではないという問題意識からだ。昇進につながる助言をしたり、本人の業績を社内外にアピールして昇進にふさわしい人物であることを伝えたりする。不自然な策ではあるが、過渡期の女性引き上げ策としては有効だとされている。

女性幹部のネットワークづくりを支援することも重要だ。社内にとどまらず、社外でのネットワークづくりを支援することも、視野を広げる助けとなる。2007年に発足した特定非営利活動法人（ＮＰＯ法人）Ｊ－Ｗｉｎが会員企業向けに行う女性管理職また女性役員の勉強会・交流会は有名だ。大手企業の幹部女性のなかには、理事長の内永ゆか子さんの「変化をおそれるな」という言葉に背中を押されたという人も少なくない。

　30％クラブジャパン（１７０ページ）も、２０１９年12月末に新たな取り組みを発表した。「30％クラブジャパン参画企業メンバーと女性幹部候補者との交流会」を２０２０年早々から始めるという。ＴＯＰＩＸ参画企業で働く女性幹部候補者10人ほどと、メンバー（会員企業の経営トップ）１人が交流するもので、女性社員は他社のトップから経営の視座を学ぶとともに他社の社員とのネットワークを築くことができる。メンタリングとネットワーキングを兼ね備えた試みだ。

　さらに管理職の裾野を広げるためには、ロールモデルの提示も重要だ。女性管理職のいない職場では、若手の女性社員が管理職になるイメージを描きにくい。子育てしながらキャリアを重ねた女性の管理職がいないと、子育てとキャリアアップは二者択一なのかと思ってしまう。社内外のネットワークづくりを支援することは、女性社員に多様なロールモデルを提示し、昇進意欲を高めることにもつながる。

⑤ アンコンシャス・バイアス（無意識の偏見）の影響を取り除く

第五に、アンコンシャス・バイアスと呼ばれる無意識の偏見のなかで、女性の育成・登用にマイナスとなるものを取り除くこと。

アンコンシャス・バイアスを取り除くための試みとして、米国のオーケストラの事例が知られている。演奏者を採用するにあたり、衝立《ついたて》を用意して性差がわからないようにして楽器演奏のみで採否を決めたところ、女性の採用が一気に増えたという。つまり、それまで採用側は無意識のうちに男性を優先的に採用していたわけだ。

職場でも、アンコンシャス・バイアスは至るところに潜んでいる。「子育て中の女性は海外出張など無理」「女性は補助職のほうが向いている」「女性はリーダーには向かない」といった無意識のうちの刷り込みが上司にあると、女性社員の育成や昇進昇格の妨げとなる。

また女性自身の内なるバイアスが、自分は管理職に向かないという思い込みにつながることもある。筆者が行った調査研究でも、アンコンシャス・バイアスが女性リーダー誕生の阻害要因となっている可能性が浮かんできた。その詳細は第七章で改めて紹介したい。

アンコンシャス・バイアスは、女性活躍を進めてもなかなか浸透しないと悩む人事担当者らが、今注目する壁である。スポンサー制度と同様、アンコンシャス・バイアスもまた先進国共通の課題として、取り組みに力を入れる企業が増えている。

ただ無意識であるだけに対応策は難しい。まずは評価者である管理職に、心のうちにアンコンシャス・バイアスを秘めていることに気づいてもらう研修から始める企業が多い。こうした対策は始まったばかりで、海外では人工知能（ＡＩ）を用いてその悪影響を取り除けないかという研究を始めた企業もある。

過渡期の強硬策として、アンコンシャス・バイアスはなかなかなくせないとして、上級幹部候補の研修に必ず女性を入れる、昇進候補者リスト３人のうち１人を必ず女性とするなど、割当制を導入する企業もある。

働き方改革の実現がカギ

おもな５つのポイントを挙げたが、どれかひとつが特効薬として効くわけではない。自社に合った施策を多角的に組み合わせ、倦《う》まず弛《たゆ》まず取り組むことで、少しずつ前に進んでいくだろう。

そして最後に忘れてはならないのが、働き方改革が進まない限り、女性幹部登用は進まないということだ。これまで管理職候補となる優秀な女性たちの多くが、長時間労働の続く職場では働き続けられない、子育てとの両立も無理だと職場を去っていった。管理職となってでも出産できる、あるいは子育てと両立できるというイメージが描けない限り、これからもそうした離職は避けられない。

女性管理職を増やすため、また昇進後の離職を減らすためには、長時間労働を是正するとともに柔軟な働き方を実現する必要がある。意思決定層に多様性をもたせるためには、多様な人材が無理なく働き続けられる職場をつくらなければならないのだ。

第四章

クオータ制を導入したドイツでは今

女性監査役のクオータ制（割当制）がもたらした変化

「女性に下駄をはかせてまで昇進させるのか――」

「数値目標を掲げないと、女性幹部はなかなか増えない」

女性活躍推進の旗振りのもと、幾度となく聞かれた賛否の声だ。平行線を辿ったままの議論に、そろそろ結論を出してもいいのではないか。そのヒントを探るため、クオータ制（割当制）を導入したドイツを訪ねて、その影響を探ってみた。

女性役員を増やすためのクオータ制が欧州連合（EU）各国に広がるなか、ドイツは一貫して反対の立場をとってきた。ところが一転して2016年1月、大手企業の監査役会を対象に「女性を3割以上にすべし」というクオータ制を導入した。従業員2000人超の大手上場企業で、監査役会の従業員代表と株主代表が同等である約100社が対象である。女性の候補者がいない場合は空席とするとしたところ、ほぼ全社がその目標を達成した。同時に「フレキシブル・クオータ」と称して、上場企業のうち約1750社に、取締役からその2段階下の管理職まで、女性比率と数値目標の公表を求めている。

ドイツ企業の監査役会は日本と違い、取締役を選解任するなど重要な決定権をもっている。

監査役の女性を増やすことで、女性の取締役、管理職を増やしていこうというものだ。その影響を大手企業の人事担当や女性役員らに尋ねてみた。

「女性にも能力がある」という気づき

「女性幹部と初めて仕事をともにした男性経営者らは、女性にも能力があると気づいた」

欧州企業各社で取締役、監査役の経験があるエルケ・ベニング＝ローケさんは、クオータ制導入の意義をこう語る。２０１９年２月に開かれたベルリン国際映画祭では、初めて女性が委員長に就いた。これもクオータ制などにより、社会全体に「女性をもっと登用しなければいけない」という機運が高まったことが影響しているとみている。

エルケ・ベニング＝ローケさん／欧州企業各社で取締役、監査役を経験

　女性監査役らの声に耳を傾けてみよう。「女性が１人という状況から複数人になり、監査役会の緊張感が和らいだ」というのは、コカ・コーラ・ヨーロピアン・パートナーズで長らく監査役を務め、現在はベルリン清掃人事責任者のユーディット・ヒュプナーさん。集団のなかで少数派が３割を超えると影響力

をもつようになるという米国ハーバード大のロザベス・モス・カンター教授の説からしても「数の論理」は大きい。

「目指すべきは50％。30％は手ぬるい」と言うのはベルリン鉄道監査役のイネス・シュミットさん。洋裁学校を出て縫製工場に勤めた後、ベルリン鉄道に路面電車の運転士として転職。叩き上げで監査役にまでなるなかで、シングルマザーを運転士として積極採用するなど女性登用の道を切り拓いてきた。

ユーディット・ヒュプナーさん／ベルリン清掃人事責任者

一方、企業側は一貫して法制化に反対だった。ドイツ産業連盟役員のイーリス・プレーガーさんは「法律で割合を定めるのは間違った方法だ。クオータ制は、管理職に女性が少ない要因を見落としている」と批判する。幼少期の教育、仕事と家庭の両立、古典的な男女の役割分業モデル、女性の昇進を妨げるこうした要因を社会全体で取り除いていくことこそ必要だと主張する。

これに対して賛成派はこう反論する。「社会に根深い問題があるのは承知しているが、自然の変化に委ねていては時間がかかりすぎる。クオータ制を入れたことで、明らかに変化が起きている」（ベニング＝ローケさん）。賛否があるにせよ、企業内で問題意識が高まったのは事実のようだ。

アンコンシャス・バイアスを取り除け

問題は、監査役への登用が女性取締役の増加につながっていない点だ。監査役と取締役を含めての割合では女性比率は２割を超えるものの（図表４－１、２００ページ）、取締役のみだと上場企業大手２００社の女性取締役比率は約９％にとどまる（図表４－２、２００ページ）。

フレキシブル・クオータでは「女性取締役の割合目標を０％とするところが、対象企業の約半分を占める」（家族・高齢者・女性・青年省のクリスティーナ・ガイストさん）。ドイツには社外取締役がいないため、内部昇進で女性を上げるのは当面無理だというのだ。

日本と同様ドイツでも、女性取締役ゼロでは許されないという機運は高まっている。「目標０％企業に対して、女性役員を増やせない理由を説明することを義務付けていく。説明責任を果たさない企業には経済的罰則を科すことも検討している」とガイストさんは言う。

こうした動きのなか、大手企業は女性幹部育成により一層力を入れ始めた。取り組み策は

図表4-1　女性役員割合の国際比較
（*は上場企業役員にクオータ制等を導入している国・2015年）

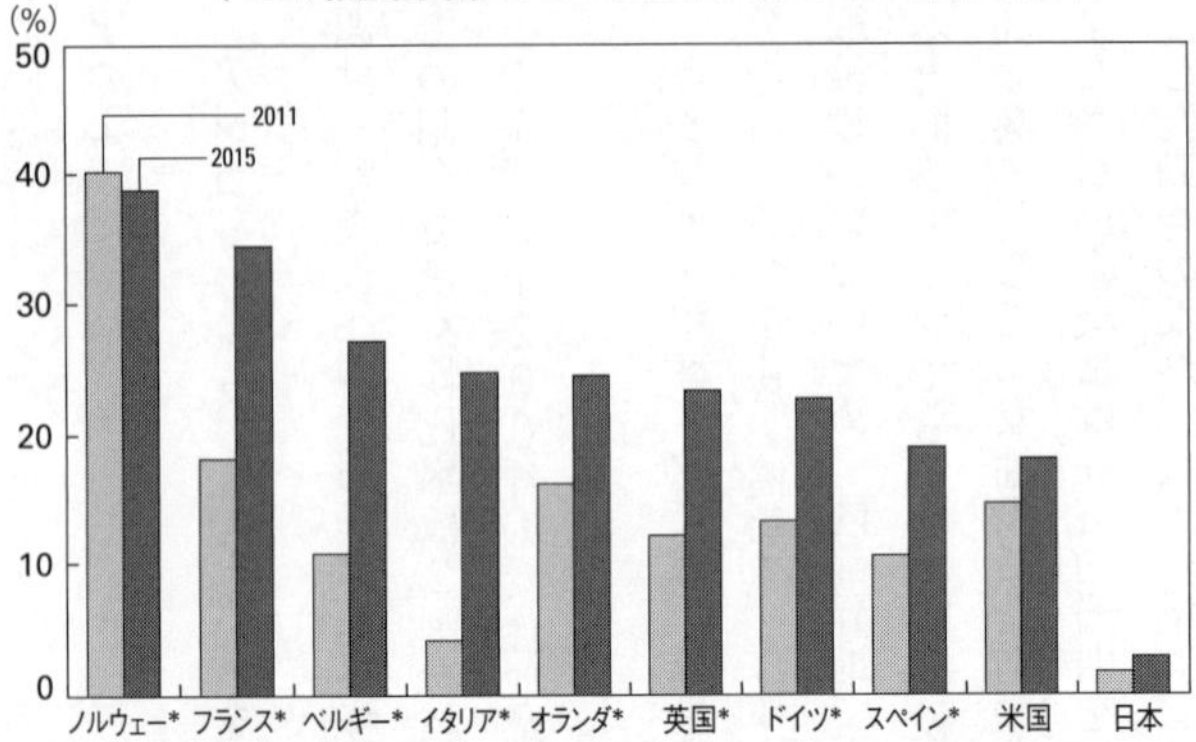

（注）日本の役員は、取締役、監査役、指名委員会等設置会社の代表執行役および執行役（東洋経済新報社「役員四季報」）

（出所）内閣府ホームページより

図表4-2　ドイツ大手200社の女性取締役、監査役の割合の推移

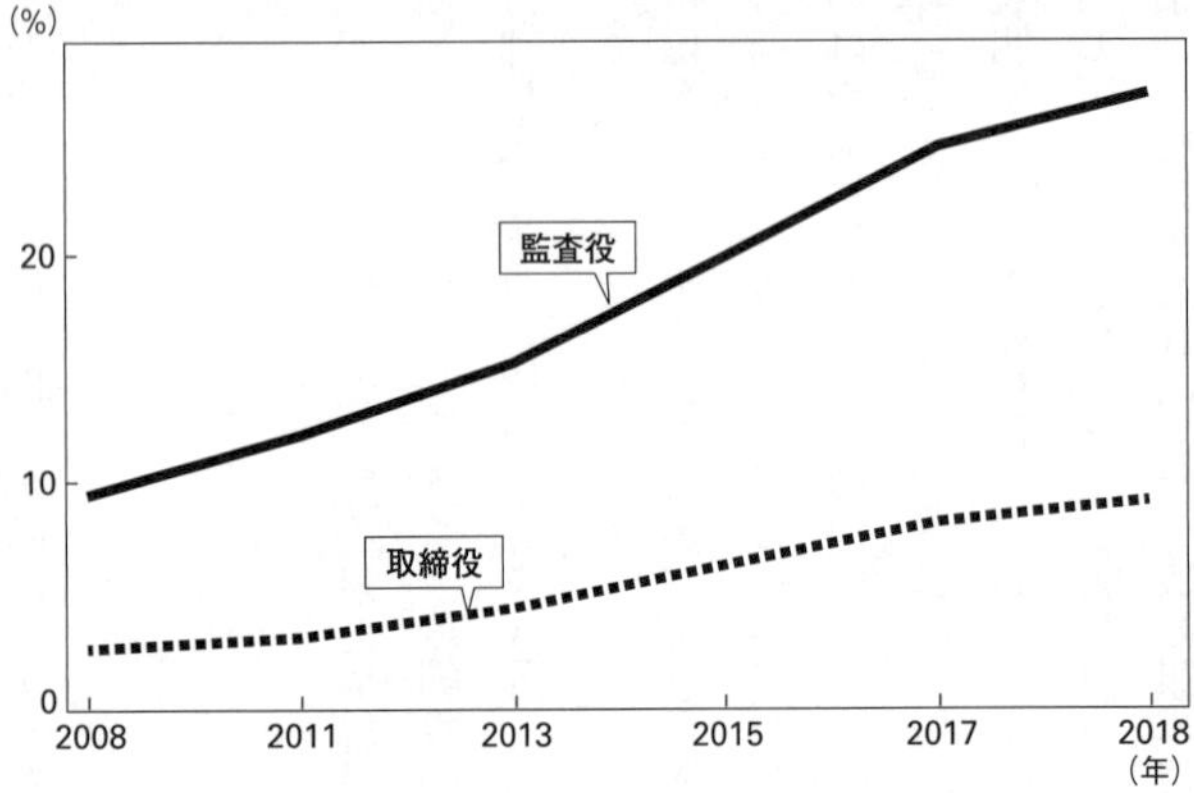

（出所）ドイツ経済研究所「Women Executive Barometer Companies」2019年3月

大きく3つ挙げられる。

ひとつ目は、日本でも関心の高まる「アンコンシャス・バイアス」（無意識の偏見）の気づきを促す取り組みだ。ボッシュでは、２０１７年から全世界の従業員全員に研修を始めた。特に人事権のある役職者に対しては「無意識のうちに女性を選抜しない」といったことがないよう、評価のバイアスを取り除く研修を２０１８年から行っている。数人が一組となり、ある人物の模擬評価をして、評価に食い違いがあった場合はその理由について論じるといったもの。参加者は研修を受けたことで「なぜこの人を選んだのか、背景を探り理由づけをするようになった」という。さらに後継者育成プログラムに管理職候補を選抜するにあたり、訓練を受けた試験官が複数人でビデオインタビューを見て判断するなど、客観性を保つ試みも始めている。大学研究者と組んでＡＩ（人工知能）も活用するなど、バイアスに左右されない選抜法の研究も進めている。

エルケ・ハイトミュラーさん／フォルクスワーゲン　ダイバーシティ推進責任者

フォルクスワーゲンもまた、女性幹部を育てるうえでアンコンシャス・バイアスが壁になることがあると考えている。ダイバーシティ推進責任者のエルケ・ハイトミュラーさんは、心理学者でもあり大学で教えた経験もある。最新の学術研究を日常でいかに実践できるか、社員研修のなかで教えている。例えば「人間は似ている人を好む傾向がある」というバイアスが、起きて間もない時間帯はさほど強くないとされる。そこで女性が男性管理職とミーティングをする時間帯は、朝のほうがチャンスにつながるとすめているという。管理職に対する特別研修も計画している。

管理職候補3人中1人は必ず女性に

2つ目は、積極的なアファーマティブ・アクション（格差是正策）だ。欧州最大の鉄鋼会社ティッセンクルップで、成果を上げたのが管理職候補割当制。取締役レベルから3つ下の階層の管理職まで、最終候補者3人のうち、必ず1人を女性にしないといけないと定めた。適した女性がいないなら、取締役会の承認を得る必要がある。この仕組みを導入した2015年当時7・8％だった女性管理職比率が、2018年時点で12％にまで上がったという。

さらに2018年新たに行ったのが「ドライバーシート」というプログラム。責任ある新しい仕事に就きたいと思う女性は、1年かけて取り組みたいプロジェクトテーマを自ら決めて応募。例えば「ルーマニアの自動車産業に対する国境を超えた相乗効果の最適化」といったもの。一人ひとりに執行役員らがスポンサーとなって実行を手助けする。２０１８年は営業や購買など各部署の女性12人が手を挙げ、成果を認められて４人が昇進を果たしたという。

ドイツ銀行が２００９年から実施しているのが「アトラスプログラム」。取締役・経営陣の候補となる女性15～20人ほどを対象に、事業戦略から「人としてどう成長するか」まで学ぶ。女性幹部を引き上げる効果のみならず「取締役ならびに上級管理職に対して、才能あるトップクラスの女性たちを可視化する効果もある」と人事部のディレクター、ゲノウ・ゼンドフスキーさんは言う。

３つ目は、キャリア断絶を防ぐための試みだ。仕事と家庭をいかに両立するか、これは日本のみならず、世界共通でキャリア女性が抱える悩みである。

欧州最大の化学会社ＢＡＳＦでは、ともにキャリア志向のカップルが増えているとして「デュアル・キャリア・プランニング」の支援をしている。男女問わず駐在員のパートナーには、コーチングや仕事探しの経済的支援などを、赴任後1年にわたり行っている。さらに、赴任先でパートナーが仕事を見つけられるよう、提携企業各社の求人情報を提供するプラットフォームをつくっている。

「私以上に私のことを信じてくれた上司がいた」

特徴ある各社の取り組みを挙げてきたが、魔法の杖のように何かひとつで効果のあるものなどない。どの企業も合わせ技である。さらに幹部育成に最も効き目があるのは、職場経験であることは間違いない。そこには必ず多様性を尊重し、性別、人種を超えてチャンスを与える上司の存在がある。

フィリス・アルブレヒトさん／ボッシュ　人事責任者

「さあ、ここに君の課題があるよ。どうする?」

現在ボッシュの人事責任者であるエグゼクティブ・シニア・バイス・プレジデントのフィリス・アルブレヒトさん（47）は両親がトルコ系移民。社会人になってから7年間、当時勤めていた会社の上司は、性別・人種関係なく鍛えてくれる人だった。彼がいたからこそ「今の私がある」という。

ドイツ銀行のキルステン・オッペンレンダーさん（46）は、高校卒業後に職業訓練を受けたのち銀行の一般職として同行に就職、今やドイツ銀行欧州のCOOを務める。20代から30

代にかけ「私以上に私のことを信じてくれて13年にわたり課題をくれた上司のお陰だ」と言う。

女性幹部が職場経験を経て大きく成長することができたのは、先進的な上司のお陰である。この点は、日本と全く変わりはない。加えて人種の先入観なく、むしろその違いを生かしながら鍛える姿は、今後外国人社員が増えると見込まれる日本でも、参考にすべきところだろう。

さて、G7のなかで女性の登用が最も遅れている日本が、ドイツから学べることは何か。ドイツ企業を取材するなかで、必ずといっていいほど聞かれた言葉が「透明化、可視化」であった。クオータ制導入により、現状を透明化して、問題を可視化する。さらには幹部候補の女性がいることを可視化する。監査役の割当制、さらに数値目標の公開義務が、可視化、透明化の大きな契機となっている。

日本で2019年に成立した改正女性活躍推進法では、公開が義務付けられるのは男女均等、仕事と家庭の両立の2分野の任意項目でそれぞれ最低ひとつでもよい。女性管理職比率や採用率、男女の育児休業取得率などだ。これでは透明化は不十分である。公開を義務付ける項目を増やすべきだろう。

さらに反対意見も多いクオータ制はどうか。ドイツでは自然の変化に任せていては、各階層の男女均等を実現するのに90年かかるという試算もある。さらに遅れをとる日本では、100年以上かかるのではないか。変化を加速させるために、期間限定でのクオータ制導入を、日本でも検討すべき時期にきているのではないか。

ドイツの女性幹部にとっての壁は、日本と相似形である

女性活躍を阻む壁をみると、日本とドイツには共通点が多い。性別役割分業意識の強さ、子育て期のキャリアの遅れといった傾向だ。同様の課題を抱える日独を比較すると、女性の幹部登用においては、ドイツは日本の半歩先をいく。ではドイツの女性幹部はどのような道のりを経て現在に至ったのだろう。女性取締役、監査役、執行役員らに、「一皮むけた経験」を3つ語ってもらった。成長につながった経験、その職場環境が日本とどう違うのか、あるいは共通するのか。

ポイントとなるのは日本と同様に「子育てと仕事の両立」「ジェンダーの壁」「男性中心型の企業組織」であった。それぞれの軌跡から探っていきたい。

（1）子育てと仕事の両立は、世界中のキャリア女性にとっての課題

――「生後３カ月の子供を連れてシンガポールに家族で赴任」

化学会社ＢＡＳＦ欧州　取締役
サオリ・デュボワさん（47）

欧州最大の化学コンツェルンＢＡＳＦ欧州で取締役を務めるサオリ・デュボワさんは、娘が生後３カ月のとき、シンガポール赴任の打診を受けた。出産間もなくでためらうデュボワさんの背中を最初に押したのは、夫の一言だった。

「50歳になっても同じソファーに座っているのか」

家族３人でシンガポールに渡ることを決め、赴任先ではヘルパーにも助けられた。「仕事に子育てとダブルで大変だったが、出産はキャリアの障害とはならなかった。その逆だっ

サオリ・デュボワさん／ＢＡＳＦ欧州取締役。写真提供／BASF SE

た」と言う。

ＢＡＳＦでは、デュボワさんのようにキャリア志向のカップルが増えているとして「デュアル・キャリア・プランニング」の支援を行っている（２０３ページ）。デュボワさんもまた、赴任の折「会社に手厚い支援をしてもらった」と感謝する。

デュボワさんの両親は、日本人とドイツ人。「私のなかには2つの文化がある。両方の視野から文化を理解することが私の強み」だという。例えば、孔子の言葉「花が咲いてリンゴがなる」をどうとるか。欧米ではリンゴが実っていないことに焦点を当てるが「日本には花が咲いていればそれを愛でる。現状を重んじる仏教的な考えがある」という。

こうした視点が、アジア統括責任者となったときに生きてくる。上司もまた、そうした異なる視点が会社の発展につながると評価してくれたという。その資質は早くから見いだされ、32歳の若さにして、自社開発したおむつ用の高吸水性素材を製品化するため、業界大手と交渉する大きなプロジェクトを任された。そして欧州全体で５５０億円を超える売上高となる事業に育てあげた。これがビジネスの最適化を学ぶ大きな成長につながったという。

デュボワさんは今農業、バイオビジネス部門を率いており、プラスチック廃棄物や二酸化炭素排出など、最先端の社会課題に取り組んでいる。「次世代がよりよく、より住みやすい未来をつくる」。これがデュボワさんの原動力になっている。

【3つの成長体験】
・30代前半から何百億ドルという単位の投資プロジェクトなど大きな責任を負わせてもらった。
・娘が生後3カ月でシンガポールへ。自分の考えをどうポジティブに変えるかを学ぶ。
・アジア全体の統括者となり自分のなかの2つの文化に助けられた。

――「子供をベルギーにおいてドイツへの単身赴任を決断」
鉄鋼会社ティッセンクルップグループ　マテリアルサービスCOO
イルゼ・ヘネさん（46）

欧州最大の鉄鋼会社ティッセンクルップのグループ事業会社のひとつ、マテリアル・サー

イルゼ・ヘネさん／鉄鋼会社ティッセンクルップグループ　マテリアルサービスCOO

ビスCOOのイルゼ・ヘネさんにとって、これまでの道のりで最も大きな決断は単身赴任をすることだった。母国ベルギーからドイツへ転勤するにあたり、6歳の子供を置いて赴任したのだ。「ママ知ってる？　家にいて働いていないママもいるんだよ」と折に触れて寂しい思いを口にしてきた息子を、ベルギーの小さな村に住む子供の父親に託し、単身ドイツ本社に転勤することは大きな決断だった。

ヘネさんは、大学時代は言語学・文学を専攻して5カ国語が堪能だった。「経済の世界に入ることには躊躇もあった」が、語学力を生かして母国ベルギーでティッセンクルップに入社、12年ほどベルギーで働いてきた。しかし、決定の中枢はやはりドイツ・エッセンにある本社である。キャリアを積むには本社で責任あるポジションに就くことが重要だ。しかし息子を住み慣れた土地から引き離して新しい言葉を覚えさせるのは容易ではない。悩んだ末に子供をベルギーに残して、週末だけ帰る生活が始まった。8年経った今、息子は情報工学を学んで「僕もママの会社で働いてみたい」と言うようになったと笑顔で話す。

２０１６年、ヘネさんはドイツ事業を率いる部門で経営トップとなった。非ドイツ系の女性としては初めてのこと。１２０年の歴史をもつ組織は伝統的でヒエラルキーがはっきりしていた。ドイツ人以外、しかも女性が上に立つ文化もなかった。「組織にとっても、私にとっても衝撃的だった」

就任初日から大きな波が立った。管理職を前に「こんにちはイルゼです。今日からあなた方とは親称を使ってお話をしたいと思います」と宣言したところ、面白くないと思う男性が少なからずいたのだ。一般的にベルギー人はドイツ人に比べると、オープンでフランクなコミュニケーションをとる。対するドイツ人は親しくなるまではきちんと敬語を使い、ファーストネームで呼び合うことはない。

こうした文化の違いがあるにもかかわらず、いきなりフランクな会話をしようと提案したのだ。すぐさまドイツ人の年配の男性から呼び出され「あなたとはそんな風に話したくない」と釘を刺された。ヘネさんとしては「組織を柔らかくして、フットワークを軽くしたかった」。常にドアが閉まっている個室を開け放ち、互いにもっと話をしようと呼びかけたかったのだ。双方がコミュニケーションスタイルをすり合わせるまで、１年かかったという。

これまで管理職として、忍耐、健康、謙虚の三本柱を大切にしてきた。上の立場に上がるにつれ、謙虚さをもちつつもより自信を示さなければならない場面が多くなった。さらに健康に加えて、レジリエンス（精神的回復力・抵抗力）が求められるようになってきた。そして今、2万人の部下を率いるにあたってリーダーとしての信条は、正直であることだという。上司に対しても、部下に対しても、そして対外的にも「私が私であること、正直であること」を大切にしたいという。

現在、ティッセンクルップグループには5つの事業会社があり、女性取締役はヘネさんを含めて3人いる。後に続く女性幹部を育てるため、積極的なアファーマティブ・アクション（格差是正策）を行っている。ヘネさんらがよきロールモデルとなっているようだ。

【3つの成長体験】

・子供が6歳の時、子供を母国ベルギーに置いてドイツに単身赴任する決断。
・初の非ドイツ系女性取締役に。親称で呼びかけるも男性幹部から拒絶された。
・言語学、文学専攻で経済の世界に入るのは不安だったがチャンスにつながった。

（2）異文化の壁、ジェンダーの壁を乗り越える

――「日本ではできない」「女性だから出席させない」という文化を知る

ドイツ中央振替銀行（Ｄｅｋａ）不動産部門グローバルヘッド

アニ・ヘニケさん（58）

「日本では、それはできないのです」

日本人の男性部下から何度この言葉を聞かされたことか。ドイツ中央振替銀行の不動産部門のグローバルヘッド、アニ・ヘニケさんは、こう苦笑いする。

２０１７年まで10年ほど日独を往復し、東京事務所で仕事をしたときのことだ。日本人の男性部下らは大手外資系の金融機関で働いた経験のある人ばかり。それでも「まずは西洋式でいきましょう」といっても言葉がすんなり通じ

アニ・ヘニケさん／ドイツ中央振替銀行（Ｄｅｋａ）不動産部門グローバルヘッド

ない。そこで、論理的に議論を進めていき「あなたにとって、これが一番得なのです」とわかってもらうことに努めたという。

もうひとつ、ヘニケさんを驚かせた日本スタイルは、「取引先と自社のトップ同士、上司同士しか話さない」ということだ。実際にプロジェクトが始まると現場で責任をもつのは、その下のクラスの管理職。しかし、現場責任者が重要な会議に入ることはない。ヘニケさんは違和感を抱きながらも日本流をあくまで尊重する。世界各国で仕事をするなかで、決してドイツ式を押しつけない。相手の話によく耳を傾けて判断を急がない。「相手に敬意を表すことが大切」。どうしたら相手の力を引き出せるか、発展させることができるかを考えるという。

こうしてリーダーシップを発揮するヘニケさんは、上を目指す人にとってのロールモデルでありたいという。上を目指したくないという人には、自ら近づいてコミュニケーションをよくとって、自分自身のことをわかってもらうようにする。

ところで自身にとってのロールモデルは誰か。アンゲラ・メルケル首相であり、７人の子供の母親でもある前国防相のウルズラ・フォン・デア・ライエン氏（２０１９年11月、欧州委員会委員長に就任）だという。メルケル首相は、ゆっくり時間をとって自分の主張を通していくタイプ。フォン・デア・ライエン氏は、受け入れがたいものはうまくかわして横に流し、いつも冷静である。こうした姿からリーダーの在り方を学んできたという。

今や堂々と部下を率いるヘニケさんだが、若い頃は男女差の壁にぶつかったこともある。社会人になり間もない頃、社内で「誰か英語ができる人はいるか」というアンケートが回ってきた。これを見た男性社員は一斉に英語レッスンを受け始めた。英語が得意だったヘニケさんは、「自分ができる、と口を開かないといけない」ことを知る。

30代前半でフランクフルトのオフィスタワー、メッセタワーの開発プロジェクトに加わったときのこと。ドイツ側でただ一人の女性スタッフであり、唯一英語ができる人材として現場で頼りにされ、実務を束ねる要として奔走した。ある日、建築施工会社の社長を招いてのレセプションパーティが開かれたときのこと。「あなたは事務所に残りなさい」と上司から命じられた。女性だから事務所で留守番をせよとの指示に涙をのんだ。

しかし時代は移り変わり、今や「男女平等」の意味も変化していると感じている。かつては自身が若い頃に涙したように、女性が男性と同じような仕事をさせてもらえないことが問題だった。しかし今は違う。男性が女性と同じような振る舞いをすることが求められる時代になってきたという。職場で管理職になれば、相手の話によく耳を傾けてコミュニケーションをしっかりとることが必要だ。子育てを夫婦で分担することもまたしかり。性別、国籍を超えて多様性を認める時代となり、ヘニケさんのようなリーダーシップがまさに求められているのである。

【3つの成長体験】
・社内調査で「自分ができる」と発言する必要を知った。
・現場で要となるもパーティでは留守番。しかし働きぶりは誰かが見ている。
・「できない」を連発する日本人部下。論理的に相手が得することを説明する。

――「カラスの母さん（育児放棄）という社会通念と闘ってきた」

金融系システム会社取締役

クラウディア・マイヤーさん（仮名、55）

「カラスの母さん」――子供を育てながらフルタイムで働き続けたクラウディア・マイヤーさんは、こんな視線をはね返すためにエネルギーを使ってきたという。カラスの母さんとは、子供をしっかり守り育てない（ように見える）カラスの母親の生態から来た言葉で、子供がいながらも専業主婦ではなくキャリアを大事にする母親のことを指す。

日本と同様に性別役割分業意識が強いドイツでは、働く母親に対して厳しい目が注がれてきた。思えばそれは、子供を産む前から始まっていた。

世界的な大手コンサルティング会社で働いていたときのこと。社内結婚したばかりのマイヤーさんは、唇をかむ思いをする。夫はいち早く社内の育成研修を受けることになったものの、マイヤーさんにその機会はなかなか巡ってこなかった。

「夫婦2人を同じように昇進させることはできない」という不文律があったからだ。

出産後、社会通念との闘いはさらに厳しいものとなった。

「本当に大丈夫なの？」

保育園の仕組みがまだ整っていないなか、両親の助けを得て、夫と協力しながら子育てと仕事に奔走するマイヤーさんは、周囲の冷たい目を痛いほど感じていた。

その息子も今や20歳を超えた。

現在役員に就くマイヤーさんは、これまで苦労したからこそ、子供をもつ女性を引き上げることに力を入れる。

妊娠中の女性を再雇用で受け入れることを検討したときのこと。男性役員からは「（妊娠中だから）リスクがあるのではないか」という声も上がったが、マイヤーさんは「大丈夫だ。信頼できる人だ」と太鼓判を押した。「上のポジションに女性がいる意味は大きい」と自らの経験を通して語る。

現在金融系システム会社取締役のマイヤーさんは、ほかの会社では社長の経験もある。トップに立って、初めて気づいた男女の違いがある。それは女性のほうが感情を表に出すということ。

一方で女性がもしも上を目指すなら、男性のように振る舞わないと昇進できない、という現実を目の当たりにしてきた。「おかしい」と思った。自分は自分である。女性もそのままで上を目指せるようになるべきだと。そのためには、ロールモデルが必要だと考えた。

今力を入れる活動は、女性監査役を増やすためのネットワークづくりだ。前述した通り、ドイツでは２０１６年から監査役会の３割を女性にすべしというクオータ制（割当制）が施行された。候補者となる女性がいることを社会に対して示していくこと、そして互いに助け合い高め合う団体だ。

「社会を変えたいと考える女性が集まり、会員は８００人を超えた」

カラスの母さんという社会通念を覆すために闘ってきたマイヤーさんは今、女性が男性化することなく、自分らしく上を目指せる社会を目指して、新たな闘いを続けている。

【３つの成長体験】

・勤務する大手企業で「夫婦同時昇進はならず」という不文律にぶつかった。

・「カラスの母さん」（育児放棄）という社会通念と闘ってきた。

・社長となり、女性は男性化しないと昇進できないと気づいた。

(3) 一般職から役員へ、ハンデを乗り越え階段を上がる

――「一般職として入社し英国に赴任、リーマン・ショックで胆力つける」

ドイツ銀行プライベート・アンド・コマーシャル・バンク業務の国際部門COO

兼ドイツ銀行ヨーロッパ取締役

キルステン・オッペンレンダーさん(46)

「ロンドンに1年間行ってみないか」

ある月曜の朝、上司に呼び出されたキルステン・オッペンレンダーさんは、こう言われて面食らった。3週間後からロンドンで働かないかというのだ。こうして25歳にして初めて故郷から完全に離れて海外で一人暮らしをすることに。ロンドンの投資銀行業務部門では数少ない女性のうちの一人。「男性中心の国際的な部門で、英語を操り、自分自身を主張すること」を学んだという。一人異国の地で、自宅の電話を契約することから始め、海外の職場でもまれるなかで、自信をつけていった。

キルステン・オッペンレンダーさん／ドイツ銀行プライベート・アンド・コマーシャル・バンク業務の国際部門COO兼ドイツ銀行ヨーロッパ取締役

20代半ばで、もうひとつ一皮むける経験をしている。ドイツでは管理職から一般社員まで長期休暇は全員しっかりとる。不在の間は、上司や同僚、部下など指名された人が代わりに意思決定を行う。20代半ばのオッペンレンダーさんに、1週間上司の代わりを務めるという大役が回ってきた。フランクフルトの投資銀行部門にいたときのこと。例えば、顧客のディーラーから「注文とは違う」「ポジションが合っていない」「投資銀行部門の反応が遅すぎる」といった緊急の電話が入る。これに素早く対処しなくてはならない。営業部門、トレーディング部門といかに連携するか。20代の若手社員にとっては大きな決断を次々に迫られ、1週間が経ったときには「自分が違うレベルに達していることがわかった」と言う。

このときの成長実感から、若い人にはコンフォート・ゾーン（居心地のいい場所）から出る経験をさせることが本人の成長につながり、ひいては企業の成長につながることを知ることになる。

一般職出身の役員——日本でもこうした類まれなるス

テップアップ組がいるが、ドイツでもまた、いわゆる総合職採用ではない女性が道を切り拓いて役員になるケースがある。高卒後に職業訓練を受けてドイツ銀行に一般職として入ったオッペンレンダーさんもその一人。一般職での入社の場合、オッペンレンダーさんのように、20代の初期キャリアでいかにスイッチが入るかが決め手となるようだ。

　管理職になってからの強烈な洗礼といえば、何といってもリーマン・ショックだ。ユーロ決済部門の責任者となっており、３カ月にわたり1日24時間リスク回避の陣頭指揮をとった。1日あたりのユーロ決済量はとてつもない金額である。倒産企業が相次ぐなか、ほかの金融機関や企業に支払いを処理していいものかどうか。リスクを見極めながら、顧客や市場を守らなければいけない。しかも、連日夕方5時までに業務をすべて完了していなければならない。緊迫するなか、これまでにない判断の軸を自分なりにもつことを求められた。まさに胆力が磨かれた3カ月だった。

　不眠不休で働きながらも、ドイツ国内３００人、欧州各国３００人の部下たちが、最後まで行動をともにするよう、モチベーションを保たなくてはいけない。分刻みで決断を迫られるなか、オッペンレンダーさんは個室を出て大部屋の空いている席に移った。

　ある日のこと。傍らを歩く若い部下らが、わざと大きな声で職場の課題を話しながら歩いていくのを耳にした。オッペンレンダーさんに聞かせたい、でも直接は言えない、そんな空気が伝わってきた。そのときはっとした。部下が臆せず管理職に何でも質問できる、意見を言えるような企業風土をつくらなくてはいけないと。部下から意見を直接届けられる文化をつくらないと、現場のことがわからなくなってしまう。緊迫した空気のなかだからこそ気づいた課題だった。

3カ月働き通して得た教訓は、もう一つある。人間は休みをとらないといけないというシンプルなことだ。非常事態ともいえるなか、部下は誰一人として休みをとろうとしない。そこでオッペンレンダーさんはシフト制を提案した。それでも誰も休もうとしない。ついに最初の「夜勤」に自ら手を挙げ、翌日午前中は表向きは休みとして自宅で人知れず仕事をした。リーダーとは何事も、率先して姿勢を示す人でなくてはいけないのだ。

ところで、職場で女性の幹部を育成するには何が必要か。こんな質問をしたところ、「女性自身が自らセルフ・マーケティングして（市場価値を見極めて）、自分を売り出していくことも必要だ」という答えが返ってきた。女性幹部の育成には、メンターやスポンサーをつける、またロールモデルを示すといった策も必要だが、誰かが引き上げてくれるのを待つだけではダメだというのだ。「自分を可視化すること」だという。つまり、自分の能力やリーダーシップを組織内で示す必要があるということだ。

オッペンレンダーさんがリーマン・ショック対応という修羅場で発揮したリーダーシップは、図らずも組織内にその有能さを「可視化」することになったようだ。その後、プライベート・アンド・コマーシャル・バンク業務の国際部門ＣＯＯおよびドイツ銀行ヨーロッパの取締役に昇進を果たしている。

【３つの成長体験】

・20代半ばで上司が１週間休暇で不在の間に「意思決定」することを学んだ。
・25歳でロンドンに１年赴任。投資銀行業務部門で初の海外勤務を経験した。
・リーマン・ショックで３カ月間、不眠不休で日々、巨額送金の決断を迫られた。

——「DV被害を契機に、女性のために働こうと心に決めた」

ベルリン鉄道　監査役
イネス・シュミットさん（58）

「洋裁学校を出て初めて就いた仕事で、男性の仕事だったアイロンかけを選んだこと」

現在、ベルリン鉄道で監査役という要職に就くイネス・シュミットさんの最初の一皮むけた経験は、40年以上前に遡る。職業訓練で洋裁を学び、16歳から工場でミシン踏みの仕事を始めた。シュミットさんはすぐにあることに気づく。ミシン踏みをするのは女性ばかりで、男性は裁断もしくはアイロンかけをしている。アイロンかけの仕事のほうが断然給料がいい——。

イネス・シュミットさん／ベルリン鉄道　監査役

そこでシュミットさんは、自ら手を挙げて女性として初めてのアイロンかけにと願い出た。

「イネス、お前はこの仕事に残れても3カ月だな」

異動するや、男性たちからこう言われた。

そこからさまざまな嫌がらせが始まった。シュミットさんがアイロンがけをしたコートを休み時間に机に釘で打ちつけられたり、アイロンのコテの下に辛子を塗られたり。辛子のにおいは2週間、手にこびりついて離れなかった。男性用更衣室しかなく、女性のための更衣室がなかった。その更衣室で、シュミットさんの靴紐を縛って暖房用の管に引っかけられたこともあった。でも、抵抗はしなかった。男性のグループに入っていくために、夜の飲み会にも参加して、飲みたくもない強い酒を一緒に飲んだ。

1年半が経った頃、後輩の女性がアイロンかけの部署で働くようになった。もうコートが机に打ちつけられるようなことはなかった。こうして12年間、縫製工場で踏ん張り続けた。

2つ目の強烈な経験は、夫からの暴力だった。

息子の目の前で暴力を振るわれ「殺されるかもしれない」と思ったとき、一歩を踏み出す決意をした。警察に届け出ようと思ったのだ。

そのとき、助けてくれたのは女性の仲間たちだった。女性として何かを変えなければいけないと思った。声を上げられない女性のために闘おう、と思った。

そして今日のシュミットさんがいる。

シュミットさんは、30代半ばにしてベルリン鉄道に路面電車の運転士として転職。ここでもまた、洋裁工場と同様、女性の地位向上のために力を尽くすことになる。

転職してわずか5年でベルリン鉄道全体の男女共同参画担当者に選ばれる。職業安定所と連携して、失業期間の長い女性やシングルマザーを積極的にバス運転士に採用して育成するプログラムを始めた。門戸を開いたものの、採用した女性に対する風当たりは強かった。「3年も働いていなかったんだから、お前なんかには（運転士は）無理だよ」「家事でもやっていろ」と心ない言葉が浴びせられたという。

悔しい思いをしている女性たちにシュミットさんは「歯を食いしばって成し遂げよう。そうしなければほかの女性が後に続かなくなる」と励まし続けた。

さらに大きな転機となったのが、２０１６年に州議会選挙で当選し、州議員とベルリン鉄道監査役を兼務することになったことだ。「女性政治スポークスマン」という役割を得て、さまざまな問題を議会で提起している。男女の賃金格差が21％もあること、２０１８年に１００人を超える女性がパートナーまたは元パートナーによるＤＶで殺されていること。ドイツに住む移民の若い女性が休暇中に祖国に戻されて強制結婚させられていること……。

シュミットさんの発言により、ジェンダーにまつわるさまざまな社会問題が明るみになっている。

もはや男性のグループに入るために、飲みたくもない酒を一緒に飲む必要もなければ、誰からも殴られることもない。それどころか、「どうやったら仕事に就けるか、助けてもらいたい」と男性から相談されるようになった。

ベルリンの企業取締役らとも親しく意見を交わす。今や互いに尊敬し合い、一緒に何かを変えていくことができるという手応えを感じている。監査役そして州議会議員という役職を得て「権威を手にすることの大きな意味」を痛感しているところだ。

社会を動かす力を得たシュミットさんが、今力を入れているのが、職業訓練におけるクオータ制の導入だ。前述した通り、ドイツでは監査役会の３割を女性とすることで女性の幹部登用を進めようとしている。そのクオータ制を、職業訓練から始めるべきだというのだ。

ドイツでは職業訓練校を経ての就職のほか、企業での職業訓練を経て就職するキャリアコースが確立している。技術系、ＩＴ系など比較的給与水準の高い職種の職業訓練には男性が多く、美容師、秘書、事務職など給与水準が低めの職種の訓練には女性が多い。まずはここから変えていき、職業訓練の機会が男女平等になるよう、訓練の「予約クオータ制」といったものを導入すべきだというのだ。

例えばベルリン交通では、毎年１３４の職業訓練の席が用意されている。電気技師、メカトロニクス技師、ＩＴ電気技師、事務職など計11職種。女性の応募が少ないメカトロニクス技師に10人の受け入れ枠があるとすれば、最初の５つは女性に用意し、その５つが埋まったときだけ、男性を受け入れるというものだ。

同社では２０１８年春からこうした予約クオータ制を導入し、試行錯誤の段階だという。若い女性に職業訓練の機会を広げることで、意識を変えていく、男女の賃金格差を解消していく。それが大きな変化につながるとして、シュミットさんはこの動きを広げていく覚悟だ。「技術を身につけたいなら、私たちのところにいらっしゃい」と女性が呼びかける大きなポスターを掲げたいとシュミットさんの構想は膨らむ。

アイロンかけから路面電車の運転士へ。そして企業内の男女共同参画担当から監査役、州議会議員へ。大きなステップアップを遂げながらも、シュミットさんはぶれることなく草の根からの改革に取り組んでいる。

【3つの成長体験】

・男性職だった「アイロンかけ」に挑戦、女性第一号に。
・夫のDVで殺されそうに。この経験から声なき女性のために闘おうと決意。
・州議会議員となり「権威」の意味を実感。ジェンダーの社会課題を議会で提言し続ける。

（注）本章に登場した方たちの年齢、肩書は、いずれも2019年2月取材時点のもの

第五章

米国シリコンバレーでも根強いジェンダー・バイアス

喫緊の課題は「少数派が安心できる環境づくり」

実力さえあれば、誰にでもチャンスが開けるはずのシリコンバレー。実は今なお、女性はじめ少数派にとって壁のある白人男性優位の社会である。最先端を走るＩＴ企業のエンジニアに占める女性比率は、おしなべて２割ほど。一般的にディレクター以上を指すリーダーの女性比率は１割から３割程度である。日本に比べれば高いとはいえ、十分とはいえない現状だ。

「女性、そして少数派の社員が、ここにいてもいいんだと安心できる環境をつくる必要がある」。インテルのダイバーシティ＆インクルージョン（Ｄ＆Ｉ）・オフィサー、バーバラ・ワイさんは２０１６年の社内調査から、こうした喫緊の課題を突きつけられた。早速立ち上げたのは「ＷＡＲＭ　ＬＩＮＥ」という名の社内ホットライン。調停役を果たすことができる社員が相談員となり、電話や対面で相談に応じるもの。上司との関係に悩んでいる、今の部署で伸び悩んでいる、といった声が寄せられる。

「女性や少数派の社員は、１００％準備ができていると思えないと、ポストに手を挙げることができない」（ワイさん）ため、こうした相談窓口が背中を押すことにつながっている。

さらに「少数派の社員は、職場で孤独感を抱きがち。寂しいと吐露できる場が、長く働いてもらうためには必要」なのだという。

HPもまた、BELONG TO HPというプログラムで、社員にとって安心できる環境づくりを進める。自分の意見を聞いてもらえると思える、個人の成長が重視されている、ロールモデルがいる、スポンサーシップがあるといった項目で「安全な環境」をつくる。こうした環境をつくることで「約9割の社員が、自分自身を変えることなく（職場で）振る舞うことができるようになったと感じている」とチーフ・ヒューマン・リソース・オフィサーのトレーシー・キーオさんは分析する。

同社では、2015年の評価制度の改定もまた、女性や少数派の後押しにつながったという。年1回の点数付けの評価を廃止して、年3回のフィードバックのみとした。それにより、あまり自分の貢献を主張しない女性や少数派の人が、上司とのコミュニケーションを密にとることができるようになり、伸びていったという。

女性、黒人、ヒスパニック系、LGBTなど少数派が集う社内サークルもまた、それぞれの社員にとって心の安全基地となる。こうしたサークルが社内に100近くある会社も珍しくない。HPでは、最高経営責任者（CEO）や取締役がサークルの活動に顔を出す。

サークルの声が社内の制度を動かす場合もある。ゲーム機や自動運転技術などＡＩ開発で知られるエヌビディアでは、女性サークルからの声を受けて子育て支援策を拡充した。育児休業中の女性に22週にわたり給与を１００％補償する制度、養子縁組に関する無制限の経費補助、また不妊治療、卵子凍結治療などに対する手厚い補助制度を設けたという。

スポンサーシップ、コーチング、シャドウイングで女性幹部を育成

家庭と仕事の両立が大変なことは、日本に限らず世界共通の課題である。「とりわけシリコンバレーでは仕事で要求されることが多く、長時間労働になりがち。これが女性にとって長期キャリアを考えるうえでの不安になっていた」。アプリ配車サービスを手がけるウーバー・テクノロジーズのチーフ・Ｄ＆Ｉ・オフィサー、ボウ・ヤング・リーさんは語る。

最大の施策はフレキシブルワーク（柔軟な働き方）だという。テレワーク、フレックスタイム、週５日勤務を圧縮するコンプレストワーク、ジョブシェアリングなど。仕事の目標さえ達成すれば、オフィスでの勤務は週２日だけ、週４日だけ働くなど、どんな働き方でもいいという。リーさん自身、毎日夕方６時には帰宅する。幼い子供２人と夕食をともにして、そのあと仕事が終わるまで自宅でテレワークをする。

HPの広報で、シングルマザーのカメリア・ジェンドリューさんもまた、週2日は自宅で仕事をする。通勤は車で片道約1時間、車社会のシリコンバレーでは通勤時間帯は渋滞が起こりやすくストレスも大きい。以前勤務をしていたスタートアップ企業では、週5日オフィスでのフルタイム勤務で子育てとの両立が難しかった。そこでHPに転職するにあたり、週2日の在宅勤務を条件とした。今の働き方には満足しているという。

フレキシブルワークが浸透しているシリコンバレー企業では、両立支援策の拡充よりも、むしろ女性管理職の引き上げ策のほうが話題に上る。グラフィックソフトで知られるアドビも同様だ。2018年末現在で女性社員比率32%、一人でも部下のいるマネジャーに占める女性割合は28%、ディレクター以上の上級管理職は24%。日本企業に比べると女性幹部の割合が大きいものの、まだ不十分であるとして女性社員を採用し、さらに管理職に引き上げることに力を入れる。

コーチング、メンター制度、シャドウイングとメニューは豊富である。ディレクターより下のレベルの女性に対するコーチングでは、ビジョン構築、コミュニケーションスキルの磨き方などを1年かけて対面やバーチャルで導いていく。対象者の3分の2は、1年後に新しいポジションに就くか、異動するなど成果が上がっている。

シニアクラスの女性幹部がメンターとなるメンタリングでは、下の役職の女性に対して６カ月間、一対一でメンタリングを行う。メンター同士で集まり、それぞれのメンタリング能力を高め合っている。

シャドウイングとは、上の役職者に随行して、その仕事ぶりを間近に見ることで思考法や行動パターンを身につけるというもの。アドビの場合は、いわば「１日カバン持ち」として、シニアエグゼクティブの男女に下の役職者が就く。１日を終えたところで「なぜあのときにこうした行動をとったのか」「なぜあのような発言をしたのか」と、シニアは下の人から質問攻めにあうという。

各社とも、女性幹部育成策には工夫をこらす。斜め上の役職者がさまざまな相談にのるメンターシップから一歩進んで、積極的に昇進を手助けするスポンサーシップの制度を導入する企業も多い。従来接点のなかった上級幹部が指導をすることで、昇進を加速させることが目的だ。

２０１８年から制度を導入したウーバーでは、参加した女性社員から「目隠しがとれた気がする。女性はマイノリティとしていかに損をしていたかがわかった」という感想が聞かれた。選抜されたスポンサーらは、コーチングも行う。指導を受ける人は、「率直に何でもいえる。安心して人間関係を構築できる」（同社リーさん）といった効果もあるという。

インテルでは、エグゼクティブの女性はそれぞれ10人ほどの後輩を受け持つ。「ペイ・イット・フォワード・リング」というスポンサーのプログラムに、これまでに４０００人もの女性が参加した。「社内にどんな仕事があるのか、自分はそのための力を蓄えているのか確かめるためのネットワーキングにもつながっている」と、Ｄ＆Ｉオフィサーのワイさん。

自らも社内での可能性を探って、エンジニアから人事に転じたという。同社のエグゼクティブ・バイス・プレジデントのレズリー・カルバートソンさんは、スポンサーとして14人の後輩を受けもつ。「女性は経営者の視点に欠ける傾向がある。女性同士で助け合って、教え合うことが大事だ」という。自身が工場で５０００人の部下を率いた経験などを積極的に語っている。「工場の現場を知らなくては経営ができない」と考えるからだ。

女性エンジニアは中高生から育てる

「女性エンジニアを採用したいけど、候補がいない」。シリコンバレーのＩＴ企業から悲鳴に近い声が上がる。米国の大学でテクノロジーを専攻する女子学生は２割ほどにとどまり、各社の女性エンジニア比率はこれに比例するかのように２割程度である。

大学に出向いて女子学生と対話をするのはもちろんのこと、「絶対的な供給不足を解消するため」（各社）、中高生の女子に理系を選択するよう働きかける。中高生の女子向けにインターンシップを紹介したり科学キャンプを開催したりするガールズ・フー・コードといった団体と、多くの企業が連携している。インテルでは「インテル・ファウンデーション」を設立し、中高の女子向けの理系教育を行う。またエヌビディアは、インドの女子にITリテラシーを高める教育活動を展開する。社会貢献の意味合いもあるが「長期的に採用につなげたいという意図もある」と人事担当シニア・バイス・プレジデントのシェリー・セリオさんは言う。

STEM分野（理工系数学分野）を目指す女子を増やすには、「ロールモデルを提示することが一番」というのは、エヌビディアで医療分野のAI開発を進めるキンバリー・パウエルさん。自身はエンジニアの父から数学の特訓を受けて得意になったものの、理系に進むようにという高校教師の助言には従わなかった。「エンジニアは男性がなるもの」だと思っていたからだ。大学に進み国際ビジネスを専攻したところ、やはり理系のほうが肌に合うと気づく。そのとき進路変更の決め手になったのが、工学を専攻する女性の友人の存在だった。「理数系を専攻する女性を間近に見せる」必要性を、自身の経験から説く。

クラウド上のデータ保管サービスを手がけるドロップボックスでは、採用後の「定着」のためにもロールモデルが必要だと考える。近辺のＩＴ企業に声をかけて女性リーダーを集め、社内の女性エンジニアも参加する夕食会を開く。「ロールモデルに触れること、そして人とつながること。人間関係を築くソフトスキルが技術者には重要だ」と、同社の人事部門バイス・プレジデントのメラニー・コリンズさんは強調する。

同社は女性エンジニアの引き上げにも積極的だ。「プロモーションウオッチリスト」を作成し、とりわけ有能で昇進可能性の高い女性の名前を挙げる。なかでもエンジニアは細やかに見て「旗を立てている」（コリンズさん）。さらに女性エンジニア、キャリアの浅い人向けの６カ月のコーチングも用意。同社では全社員に年１０００ドルのリーダーシップ研修予算を渡しており、この予算を使ってコーチングを依頼できるという。

ウーバーにおいては、理系出身であるかさえ問わないという。「プログラミングのスキルさえ身についていればいい。大学で学んでもいいし、自学自習や研修でもいい」として、社内のブートキャンプ（強化研修）では理系以外の人もプログラミング研修に受け入れて、女性エンジニアを育成する。

ところで、なぜエンジニアの女性比率を上げる必要があるのか。優秀なエンジニアなら、男女の別なく活躍してもらえば十分だろうという声もある。インテルのカルバートソンさんは、「消費者を見ながら、半導体はこんな使い方もできると発見できる人を育てることが必要。そのためにはいろいろな人が生態系のなかにいることが大切だ」と言う。

スタンフォード大のロンダ・シービーガー教授は、セックス（生物学的性差）とジェンダー（社会学的性差）の分析方法を、自然科学、医学、工学の研究開発に用いることで成果につなげることができるという「ジェンダード・イノベーション」を提唱する。アメリカでは１９９７年から２０００年の間に10種類の医薬品が健康に有害とされて市場から撤退したという。そのうち８種は男性より女性のほうが健康被害が大きかった。セックスやジェンダー視点を欠いた研究開発の経済的損失は大きい。逆にセックス・ジェンダー視点を研究に組み込むことが、イノベーションを生み出すカギになると、シンビーガー教授はネイチャー誌など学術誌やメディアで繰り返し説いている。

ＡＩを活用したアンコンシャス・バイアス対策

ここ数年、先進諸国の人事の間で関心の高まるアンコンシャス・バイアス（無意識の偏見）。エンジニアといえば男性向きである、女性は力強いリーダーに向かないといった無意識のうちのバイアスに気づき、差別につながるバイアスを取り除こうという動きである。

ドロップボックスでは、これまでマネジャー必須としてアンコンシャス・バイアス研修を実施してきた。２０２０年からは全社員を対象にする予定だという。ハラスメントにつながるバイアスを取り除くために、今後はヘッドセットを使ったＶＲでのロールプレイング研修も予定している。さらに採用でもＩＴ企業らしい取り組みをする。人材募集の案内文がジェンダーや少数派に配慮した記述になっているか、差別的な表現はないか、ＴＥＸＩＯというソフトウエアでチェックしている。

エヌビディアもまた人材募集の案内文をＡＩでチェックして性差に配慮をすることで、女性の応募者を６％増やすことができたという。同社では毎年35万通届く応募書類のチェックのためにもＡＩツールを独自に開発した。欲しい人材と合致しているかを確認するという。

ＡＩが絞った書類に、今度はマネジャーが目を通して、その後電話インタビュー、直接面談へと進む。この過程で女性比率を確認したところ、面接に進む女性比率が低いことがわかった。そこで女性対象のセミナーを開き、ここで集めた応募書類を必ずマネジャーが確認する仕組みとして、面接の男女比を同等にすることができたという。

むろんＡＩは万能ではない。それどころかＡＩがアンコンシャス・バイアスを助長する恐れもある。数年前にアマゾンが採用ＡＩシステムを開発する過程で、ＡＩが女性エンジニアの比率を抑える選抜をすることがわかり導入を見送ったことがある。ＡＩは過去の採用データから学ぶ。そこでジェンダー・バイアスのかかった動きをしてしまったのだ。こうした事例を踏まえて、シリコンバレーでも人事での活用には慎重な企業もある。

ところで今多くのシリコンバレー企業は、ダイバーシティ＆インクルージョン（Ｄ＆Ｉ）のどの段階にあるのか。一般的に「ダイバーシティ（多様性）」は、性別、国籍、性的指向、障害の有無にかかわらず多様な人が差別なく働けることを目指す。「インクルージョン（包括的）」では、そうした多様な人たちがそれぞれの持ち味を生かして働き、意思決定に関わることで企業に新たな価値をもたらすことを指す。

米国企業では、ダイバーシティ推進にとどまらず、インクルージョンに重点をおくことが主流である。さらにこのＤ＆Ｉに、もうひとつの視点が加わりつつある。それはイクオリティ（公平性）である。昇進、賃金などの公平性を目指すものだ。ドロップボックスではこの点を強調するために、Ｄ＆Ｉといわず「ＤＥＩ」を目指すと掲げる。同社では評価にあたって、同じ階層の社員をどう評価したかについて、マネジャーが集まりピアレビューを行う。ここで男女差がないかもチェックされ、場合によっては評価の修正が行われる。評価者の取り組みを人事部が見ており、マネジャーの査定にも反映するという。

ここ数年は、先行する欧州の動きも受けて男女の賃金格差がないかを確認する企業も増えている。ＨＰでは、同じ仕事なら同じ賃金か、性別、人種など属性ごとで毎年チェックをしている。エヌビディアは外部の調査機関に賃金公平性の確認を依頼する。性別、仕事レベル、学歴、業績など75以上の項目を挙げて賃金公平性を測り、４年かけて平等を実現したという。Ｄ＆ＩからＤＥＩへ。多様な人材を包括できる組織づくりにとどまらず、公平性の担保まで。一歩先をいくシリコンバレー企業の取り組みは日本の企業にとってヒントに満ちている。

シリコンバレー女性幹部に聞く「一皮むけた経験」

エンジニアの多いシリコンバレーは、今なお男性優位の世界である。経営陣や幹部を見ると、女性は今でも少数派、「勇気をもって自分を出していくのは大変なこと」という声が聞こえてくる。競争の激しいシリコンバレーで、少数派というハンデを抱えつつ女性幹部らはどのように成長し、階段を上っていったのか。今、どのようにリーダーシップを発揮しているのか。いくつかの実例を紹介しよう。

レズリー・カルバートソンさん／インテル　エグゼクティブ・バイス・プレジデント

「何のためにこの油田を掘っているのか、思い起こしてほしい」

アラスカの油田で、28歳の女性監督が男性作業員を前に熱弁をふるっていた。もう四十数年も前のこと、監督を務めていたのは、現在インテルでエグゼクティブ・バイス・プレジデントとして品質保証を担うレズリー・カルバートソンさん（70）。

石油会社ＢＰに勤め現場監督となったものの、男性作業員のなかで紅一点、最初は無視され続けた。しかし諦めずに、冒頭の台詞を説き続けた。腹をくくった若き女性リーダーに、作業員の男性らは次第に変化していった。そのときに悟ったのは、人を管理するマネジャーと、ビジョンを説くリーダーは違うということ。

「私、リーダーになれるかもしれない」。かすかな自信が芽生えた。2年後、インテルに転じる。以来40年、インテルで活躍し続けるキャリアの基盤はこのときに築かれた。

日本企業の米国進出も支援する米地方銀行バンク・オブ・ザ・ウエストＣＥＯのナンディタ・バクシーさん（60）の気づきもまた早かった。米国の銀行業界で女性のＣＥＯはわずか

2%、そのうちの一人である。今や従業員1万人以上を率いるが、キャリアの出発点はある地銀のパートタイム職員だった。

インドで生まれ育ち母国で国際関係論の修士課程を修めた後、米国で博士号取得を目指す夫に伴い移住した。大学院まで出ていながら、パート窓口からの出発。でもバクシーさんは腐らなかった。「銀行で扱う金融商品を売るように」という上司からの指示に、首を傾げて考えた。必ずしも顧客のニーズに合うものではなかったからだ。では、どうすればいいか。徹底的に顧客目線に立って店頭に立つうちに、いつしかトップクラスの営業成績になっていた。

ナンディタ・バクシーさん／バンク・オブ・ザ・ウエストCEO

結果を出せば、希望が通る。その後、商品企画部門に手を挙げて異動、さらに支払い業務へと移った。「昇進で上を目指すのではなくキャリアを横へ横へと広げていくことを考えた」

いつも忘れなかったのが、顧客の目線。「銀行業務は人と人とのビジネス。人に奉仕することが仕事である」というのが持論である。家の購入、大学進学、退職など人生の転機で顧客を支える「名誉ある仕事だ」と考えている。

キャリアの初期の段階で、早くもリーダーとしての目線をもっている。カルバートソンさんは現場監督という大きな役割を担うことで、バクシーさんは目の前の仕事に課題を見いだすことで、一つ上の視点を獲得していった。初期キャリアで責任をもたされることがリーダーの起点となることがわかる。

難局への対応を部下は見ている

ときには涙を流すような悔しい局面で、どのように振る舞うかでリーダーとしての真価が問われる。部下たちは上司がどのように振る舞うか、固唾をのんで見ているのだ。

クラウド上のデータ保管サービスを手がけるドロップボックスで、コミュニケーション部門統括を務めるリンフア・ウーさん（49）は、以前勤めていた危機管理会社で、部下一同の前で深々と頭を下げたことがある。ある重要なクライアントA社のライバル会社B社の仕事をうっかり受注してしまい、激高したA社から契約を打ち切られてしまったのだ。

ウーさんは「自分が恥ずかしかった、泣きたかった」という。しかしパートナーという要職にある自身の責任である。部下全員を集めて、こう謝った。

「これは１００％私のミスです。二度とこのようなことがないようにします」

（右）リンフア・ウーさん／ドロップボックス
コミュニケーション部門統括
（左）サンドラ・ホーニングさん／ジェネンテック

自分自身に対しては「とりあえず、誰も命をとられていない」といい聞かせて、威厳をもって次に進んだという。

バイオテクノロジーの先進企業として知られるジェネンテックで、サンドラ・ホーニングさんは部下５０００人を率いてがんの新薬開発に取り組む。

10年前、スタンフォード大の教授にして医師という30年のキャリアを捨てて同社に転じ、後にチーフ・メディカル・オフィサーに就いた。がんの著名な治療医であり、論文数も３００本以上とアカデミズムの世界でもその名が知られていただけに、周囲は驚いた。

自身は「何かインパクトのある仕事ができるのではないか」と考えての転身だったが、入社してすぐに「ナイーブだったと気づいた」。

折しもスイスの大手製薬会社ロシュの傘下に入ったと

きのこと。ロシュから送り込まれた人だと、皆から冷たい目で見られた。会社の送迎バスに乗っても、隣に誰も座ってくれなかったという。

しかしそこで折れることがなかったのは、ホーニングさんの揺るぎない信念だ。

「医師として何が大切か、わかっている。患者のためになるビジョンを掲げた。北極星のように」

ビジョンを共有しながら、時間をかけて信頼関係を築いていった。この10年で15種もの新薬を世に出せたことが、その成果を物語っている。新薬を開発して認証にこぎつけるまでのプロセスもまたサイエンスであるとして、ＡＩ分析も駆使して認証までの時間を短縮したという。

苦境が胆力を磨く

つらい経験から、人の上に立つ者として胆力を磨くこともある。急成長の組織を率いたり、低迷するプロジェクトを立て直したり、組織の成長がリーダーの成長にもつながっている。

ドロップボックスの最高顧客責任者ヤミニ・ランガンさん（46）が、成長を実感したハードワークは2つ。

（右）ヤミニ・ランガンさん／ドロップボックス最高顧客責任者
（左）アシュレイ・スティルさん／アドビ　バイス・プレジデント

ひとつはソフトウェア大手ＳＡＰで子育てとの両立で四苦八苦しながら、セールスの仕事で世界中を駆け回ったことだ。国内営業からグローバル営業に舵を切ったときで、ブラジル、中国、インドなどに出向いて各社のテクノロジーの責任者に会い、どんな商品を求めているかをヒアリングした。ここで学んだことが、今につながる顧客中心の視点だ。

２つ目の経験は、人事クラウドソフトウエアのワークデイで働いたときのこと。入社時に社員９００人だった会社は新規上場（ＩＰＯ）を果たして５０００人へと急成長。営業チームで利益を4倍に伸ばした。早く成長したいというマインドセットの人間を採用して、やる気にさせる。戦略を立てて確実に実行することの重要性を身をもって知ったという。

アドビのバイス・プレジデント、アシュレイ・ステイルさん（43）は、39歳の時不振事業の再建を任されたことが転機となった。

　クラウド上にデザインソフトを集めたクリエイティブ・クラウド事業だ。「早く利益を上げろ」というプレッシャーがかかるなか必死に取り組み、3年で売り上げを倍増させた。立て直しのために世界の先端企業をクライアントに取り込もうと、コカ・コーラ、電通、ナイキなどに売り込んだ。スタッフがワクワクするような大手企業をクライアントとすることで、部下の士気を上げたという。

　顧客獲得のために「早く大量にビジネスコンテンツをつくりたい」というニーズに応えるべく商品を進化させた。例えば、１０００枚の文書があり、そこに入るロゴの色を少し変えたいと思ったとき、ひとつの操作だけですべての文書の色を変えることができるように改良した。

　アドビといえばグラフィックソフトというイメージだが、もはや「eビジネスが売り」だとスティルさん。

　かつては2年ごとに商品をアップデートしていたが、今は毎日、毎週アップデートする。

「成功し続けたいなら、変化を受け入れよう」と、２２０人の部下を鼓舞している。

成功する女性リーダーの共通点

ここまで紹介した「一皮むけた経験」はいずれもたやすいものではない。彼女たちが困難を乗り越えて成長につなげることができたのは人一倍タフだったからだけではない。世界共通でいえることは、成功した女性リーダーの陰に必ずや優れたメンターがいることだ。

バンク・オブ・ザ・ウエストCEOのバクシーさんは「私以上に、私の成長を信じてくれる上司に恵まれた」という。いつも120％の力で頑張ってきた。でも、もっと彼女はできるはずと上司は信じてくれたという。

インテルのカルバートソンさんにとっては、元CFOのアンディ・ブライアントさんが「グレートコーチ」だったという。18年間彼のもとで働くなかで、シンプルだけど難しい質問を常に投げかけられた。「君がこのビジネスのオーナーならどうするか」「いくらお金を使い、どんな戦略をとるか」。心のなかのやりたいことを引き出してくれたという。今彼女は、130人の部下たちに同じように接している。

ゲーム機や自動運転技術の開発で知られるエヌビディアで、女性エンジニアのトッププランナーとして知られるバイス・プレジデントのキンバリー・パウエルさん（40）。医療分野の

キンバリー・パウエルさん／エヌビディア　バイス・プレジデント

ＡＩ開発チームを率いるパウエルさんは、社外でもＡＩ専門家として知られる。飛躍のきっかけは、女性の先輩の温かくも力強い後押しである。

同社ＣＦＯのコレット・クレスさんからは、会社が画像処理の半導体からＡＩへと舵を切ろうとするときに、「もしもリーダーになれると思うなら、（ＡＩ開発の）動きを先導しなさい」と助言された。第三次ＡＩブームが訪れた２０１２年前後のことだ。パウエルさんはコンピュータ工学が専門で医療分野の技術開発を手がけてきたものの、ＡＩには詳しくなかった。

しかしクレスさんの言葉を受けて奮起した。論文を読み、大学教授や研究者にも会いに出かけて猛勉強。今では社内５０００人を超えるＡＩ開発者と連携し、医療関係者にハードウエア、ソフトウエアを含めたＡＩプラットフォームを提供する。

メンターとＩＴ企業らしいコミュニケーションをとるのは、ドロップボックスのランガンさん。以前勤めていたワークデイＣＯＯのマイク・スタンキー氏に自ら「メンター」になってほしい」と頼んだという。転職後の今でも困ったことがあると「すぐに携帯電話でメッセージを送る」関係だ。

セールスの仕事をするランガンさんは、男性中心の世界で20年近く戦ってきた。会議室に男性25人、女性2人といった状況が当たり前。そのなかで「いい子にならずに勇気をもって自分を出していくことは大変」だった。自分の声を殺さないようにするには「力強いメンターをもつこと」が大切だという。メンターやよき上司が、壁に阻まれたときに、くじけず進むための支えとなる。

シリコンバレーにも存在するジェンダー・バイアス

ところで、リーダーとして歩むうえで、女性ならではの壁を感じたこともあるのか。ランガンさんのようにＹＥＳと答えた人が半数、一方全くなかったという人も半数いた。

迷うことなくＹＥＳと答えたドロップボックスのリンフア・ウーさんは、これまでのキャリアでジェンダー・バイアスの壁に何度突き当たったかわからない。若い頃にはコピーとりを頼まれたり、ウーさんだけ飲み会やゴルフに誘われなかったり。今でも会社の外に一歩出ると、男性が男性性を誇示するような振る舞い、「マンスプレイニング」を目にするという。

社外の会合では男性が発言すると「そうだね」と称賛や賛同を得やすいが、女性が発言しても流されるといったことが日常茶飯だ。

子育てと仕事の両立もまた、女性エグゼクティブにとって世界共通の課題である。ウーさんは12歳から7歳まで4人の子供を育てる。最後に双子を出産した直後、罪悪感にさいなまれた。「働いてばかりで、子供と一緒にいる時間がない」という葛藤だ。思い切って仕事を辞めて専業主婦になったものの、1カ月もしないうちにつらくなった。「仕事なしでは生きられない」と悟る。子供たちからは「えーまた仕事するの。学校の行事に来てくれないのはママだけだよ」といわれたが、「ママは仕事が好きだ」ということをよくよくいい聞かせたという。

子供と過ごす時間がなかなかとれないと悩む声は、子育て中のエグゼクティブから次々に上がった。アドビのスティルさんの場合は、アマゾンの食品宅配からクリーニングまで徹底的なアウトソーシングで子供との時間をつくる。「料理をつくるよりも、子供と一緒にゲームを楽しむ時間を優先する」主義だ。海外出張の多いドロップボックスのランガンさんは、銀行アナリストの夫もまた多忙で朝4時起きで出勤する日々だという。夫とは「互いに仕事で何を成し遂げたいか」、何度も話し合った。育児を分担するためには3カ月ごとのスケジユール確認では間に合わず、１年先の予定まで共有している。

　こうした話を聞くと、仕事と子育てを両立させながら昇進することはスーパーウーマンでなくてはかなわないのかと思ってしまう。ジェンダー・バイアスの壁や、女性に負担のかかりがちな子育てとの両立。これが女性リーダーを育てるうえで、目に見えない壁となっているのは、日本に限らず米国でもまた同様である。

誠実であること、まっとうであること

　女性エグゼクティブたちに、最後にリーダーとしての信条を聞いた。ここで度々聞かれた言葉が、インテグリティ、オーセンティック。誠実であること、そして全人格的であることだ。

　ドロップボックスのリンフア・ウーさんは、「リーダーであること、母であること、会社の同僚であること、どれも変わりはない、人間としてまっとうであることが大事」だという。毎晩２分間、４人の子供に必ず大切にしていることを復唱させる。「強くあれ、優しくあれ、勇気をもて、一生懸命働け」。人として大事なことと、リーダーとして大切にすべきことは地続きだというのだ。

　バンク・オブ・ザ・ウエストＣＥＯのバクシーさんもまた「全人格的なリーダーである」

ことを大切にしている。私生活と仕事で人間性を分けることなく、職場でも自分らしくありたいという。同行は現在ＢＮＰパリバの傘下にあり、バクシーさんは同社米国の共同ＣＥＯも務める。グローバル・カンパニーのリーダーとしての責任も増している。出資基準として、地球温暖化対策など企業の社会的責任を問うのも、グローバルな視点からだ。駅には「ＮＯ　ＰＬＡＮＥＴ　Ｂ」（地球は一つしかない、代わりはない）というメッセージを掲げたポスターを大々的に展開する。商品ではなく企業としての倫理観を打ち出す広告。これもバクシーさんのリーダーシップによるものだ。

シリコンバレーでは、個人情報の扱いといった倫理的な問題、また男性優位の組織で起こりがちなセクシャル・ハラスメント騒動が度々報道されている。そうしたなかにあって、誠実であること、人間としてまっとうであることこそ最も大切だという言葉が、多くの女性リーダーから聞かれたことは、意外であり、心強くもあった。世界最先端の技術を競うシリコンバレーにあって、リーダーとしてビジョンを構築して部下を牽引するのは当たり前のこと。リーダーシップの根幹にあるのは、もっと普遍的なものである。女性エグゼクティブたちはそう語っていたように思う。

（注）本章に登場する方々の肩書、年齢は、２０１９年８月の取材時点のもの

コラム

企業主導か、政府主導か、欧米で違うダイバーシティ推進

ダイバーシティ推進の在り方は、具体的な施策では先進国で共通するものが多いが、米国と欧州を見ると違いがある。

まず米国では１９９０年代に入る頃から、ダイバーシティ推進は同業他社との差別化につながり競争力強化になるとして経営戦略のなかで位置づけられている。優秀な人材を確保し、社内に引き留め、生産性を高めて業績を上げるにはダイバーシティ推進は欠かせないとして、企業各社が競い合うように進めている。２０１８年時点で女性取締役比率は2割に達したが、図表４－１（２００ページ）のグラフを見るとわかるようにクオータ制（割当制）を導入した欧州各国に比べると伸びは緩やかだ。

米国に比べると欧州は、政府の関与が大きい。２００６年、ノルウェーが上場企

業は取締役会で女性を4割以上にすべし、それが達成できない場合は上場廃止とするという法律を制定し議論が巻き起こった。これを機にクオータ制の是非の議論が始まる。その後、欧州連合（ＥＵ）で、加盟国全域で女性役員クオータ制を導入しようという動きが始まる。２０１３年秋、欧州議会は「ＥＵ全域の大手上場企業は２０２０年までに社外取締役の40%を女性にすべし」という指令案を圧倒的多数で可決した。

ノルウェーのように厳しい制裁を科すものではなく、ソフトなアプローチで変化を促すものだ。役員に空席ができたら次の候補を男女同数にすること。そうした情報開示をしない企業に対する制裁は、公共調達の対象から外す、補助金・助成金を打ち切る、課徴金をかけるなど各国で定めるといった内容だった。

しかし、企業統治に改正を迫るものだと経済界は猛反発。加盟国内でも意見が分かれ、ドイツ、英国、北欧諸国などが反対の旗を掲げた。

結局、理事会で指令案が通らなかったことでＥＵ全域のクオータ制は実現しなかったものの、押し付けを嫌った各国が独自にクオータ制を次々に導入した。フランス、イタリア、ベルギーなどだ。反対派の筆頭だったドイツも２０１６年に大手企業は監査役会の女性割合を３割以上にすべしとの法律を施行した。

　欧州各国はこうした取り組みで女性役員の割合を大きく伸ばし、主要国はほぼ２割以上を達成、フランス、ノルウェーは３割を超えている（図表４－１、２００ページ）。

　ただしクオータ制には、マイナス面も報告されている。クオータ制導入がほかの女性管理職の増加につながっていない、企業文化の変革をもたらしていないといったものだ。昇格した女性が「下駄をはかせてもらった」と印象づける危険もあると指摘されている。

　反対派の筆頭であった英国は２０１１年に「女性役員調査報告書」（デイビス・レポート）を出し、クオータ制ではなく企業は自主的目標を設定すべきだと打ち出した。いわば自主的クオータである。以来毎年出されるレポートが変化を促し、ＦＴＳＥ１００企業（ロンドン証券取引所で時価総額の高い１００社）では女性役員比率が３割を超えている。

　強制的クオータか、自主的クオータか、欧州でも結論は出ていないが、クオータ制導入議論により、女性リーダーがいかに少ないかという認知が広まり、問題意識が高まった。それにより変化が加速したことは間違いない。期間限定のクオータ制は、変化を加速させるツールとして有効といえそうだ。

実は、欧州の動きを見てか、市場原理主義でＤ＆Ｉを進めてきた米国でもクオータ制を導入する州が現れた。２０１８年にカリフォルニア州で、同州に本社を置く上場企業は２０１９年末までに女性取締役を最低１人おくように定める法律が制定された。さらに２０２１年末までに取締役会５人なら女性を２人以上、６人以上なら３人以上置くようにとし、違反した企業には罰金を科すとした。２０１７年時点で女性取締役ゼロの企業が同州上場企業の４分の１を占めることなどが背景にある。

コラム冒頭で述べた通り、これまで米国は、女性役員登用は企業価値を高めるとして企業が自主的に取り組んできた。カリフォルニア州の強制的クオータが他州にも広がっていくのか、その動きを注視したい。

第六章

新しい管理職像を模索する女性たち

女性課長のキャリア形成3つのポイント

「パイプラインが細くなっているのが問題だ」
女性活躍を進める担当者からよく聞かれる言葉だ。女性登用の動きのなかで、部長や課長に引き上げられる人材は既に登用済み。ふと気づくと、あとに続く女性がいないという企業もある。役員から部長、課長、管理職候補とつながる太いパイプラインが形成されていないと、選抜登用が滞ってしまう。そこで各社とも、課長クラス、さらにはその下の管理職候補の育成に力を注ぎ始めた。

そのなかで課題となるのが、時代背景を踏まえてのキャリア形成の違い、そして世代による意識の差である。

まず本章では、女性課長のキャリアの軌跡が、上の世代とはどう違うのかを見ていきたい。日本航空、本田技研工業、みずほ証券の3人の女性課長に話を聞いた[*1]。

「あの人たちは特別だから、とても真似できない」
女性社員のロールモデルとなるはずの女性役員は、下の世代からこう評されることも少なくない。パイオニアとして、ときには男性型の働き方に合わせなければ、組織で生き残ることができなかった。女性役員が社会に出た頃は、男女による処遇差が根強く残り、任される仕事に男女差があったり、評価が必ずしも公平ではなかったりという職場もあった。そのなかで頭角を現したのだから、「特別な人」という評価はあながち外れてはいないだろう。

　では、一回り下の世代はどうだろう。現在課長職に就く女性社員のキャリアの軌跡を見ると、女性役員の轍とは少し違うものが見えてくる。キャリアの築き方、またリーダーシップのとり方がどう違うのか、3つのポイントでみていこう。

ポイント1：「武者修行」の機会を20代のうちから与えられる

　第一に、若い頃から「武者修行」の機会を得ていることだ。若くして会社を代表する立場で海外で仕事をした人もいる。男性ならば、総合職で将来幹部候補と見込まれる人ならさほど珍しくないことだが、女性の場合はこうした成長機会に恵まれるのはかつては例外であった。第一章で紹介したホンダ執行役員の鈴木麻子さんのアジア赴任も、女性社員としては先駆的事例だ。

　ところが役員の一世代、二世代下の女性課長に聞くと、30歳前後の若さで海外で鍛えられたことで大きく成長したという話が聞かれるようになる。課長世代となると、若いうちから男女差なく「一皮むける」機会が与えられる人が増えているようだ。

１９９２年に日本航空に総合職として入社した堀尾裕子さん（48）は、路線事業部で国内線・国際線のネットワーク収入最大化を図る企画部署で課長職に就く。[*2] 20代後半のとき、運航部で参加した国際会議の緊張感が今でも忘れられない。

米マイアミで開かれた国際航空運送協会（ＩＡＴＡ）の会議に、20代後半にして会社の代表として一人送り出された。世界各国の３００社近い航空会社が参加する協会で、各社からの参加者が国際線の安全かつスムーズな運航のために話し合う。

「わがほうはどうしますか?」

同じく日本から参加した国土交通省の役人から振られたときは、驚いた。

「え?　日本のこと?　日本航空のこと?」

いずれにしても、会社を代表してコメントをしなければいけない。汗をかきながら、

「5年後までには対応するよう頑張ります」

とコミットメントをする発言をした。

英語で意味がとれなかったところは、日本人のみならず、海外エアラインの出席者にも教えを請うた。死に物狂いだった。国際会議に送り出されるとき、上司は一言「任せたぞ」。

助けてほしいといわない限り、手助けしてもらえない。男女関係なく機会を与える上司のもとで鍛えられた。

本田技術研究所二輪R&Dセンターで部下17人をまとめる主任研究員（課長職）[*3]の会田樹穂子さん（42）もまた、35歳のときのスペイン出張が、転機となった。開発を手掛けた大型二輪車を欧州市場に売り出すにあたり、現地のジャーナリストを招いて試乗会を行った。英国など各国から集まったイベント運営者、カメラマンなどプロフェショナルの働きぶりを見て、目を見張った。初めて顔を合わせたにもかかわらず、現場で求められていることを瞬時に判断し、期待以上のアウトプットを出していく。何より驚いたのは、そのスピード感だ。「プロとして生きる」ために、何が必要かを考えた。

わが身を振り返ると、何か聞かれると「これから調べます」と答えている。基礎知識を蓄えないと判断スピードは上がらないと考えた。ここで芽生えた問題意識から、育児休業中に難関資格「技術師」の勉強を始めて見事合格した。

堀井さんも会田さんも、早い時期に海外武者修行をしたことで、大きく成長したことが窺える。管理職育成にあたっては、結婚・出産といったライフイベントを迎える前に、成長につながる大きなチャンスを与えたほうがいいという考え方もある。このあと2人は子育てと仕事の両立という課題を抱えることになった。早めの育成が功を奏したといえそうだ。

ポイント２：子育てとの両立で、管理職イメージを塗り替えていく

現在役員に就いているキャリア女性は、「仕事か子供か」二者択一を迫られることが多かった。実際に、管理職層で子供をもつ割合は、男性に比べると女性は圧倒的に少ない。労働政策研究・研修機構の２０１２年度「男女正社員のキャリアと両立支援に関する調査」を見ると、男性管理職の８割近くが既婚で子供がいるのに対して、女性管理職で「既婚・子供あり」は３割に過ぎない。子育て期も「バリバリ働いて」執行役員への階段を上がった、みずほ証券の絹川さんのような例は珍しいのが現実だ。

管理職になると、子育てと仕事の両立が難しくなる、子供を諦めなければいけない、こうした女性管理職イメージが、昇進を望む女性が少ない一因でもある。そのイメージを少しずつ変えつつあるのが、今課長職クラスに就く女性たちだ。これが上の世代とは違う第二の点として挙げられる。

日本航空の堀尾裕子さんは現在、３人の小中学生を育てながら管理職を務める。34歳で第一子を出産して戻ったあと、１年くらいは「宇宙遊泳している気分だった」と言う。楽しい

宇宙遊泳ではない。時短勤務で毎日午後5時には帰るなか、仕事と子育ての両立に懸命で地に足がついていない感覚だった。出産前は、煙草を吸わないのに煙草部屋に顔を出したり、宴席にも足を運んだりと、社内コミュニケーションをとりながら仕事を円滑に回していた。ところが子育てによる時間制約のなか、残業や出張はおろか、同僚と会話をする時間すらなかなかとれなくなり、葛藤する日々が続いた。

37歳で第二子を出産した後にマネジャーに昇進。ここでも「残業できないのにマネジャーが務まるのか」と逡巡することになる。いつ何があっても職場に張りついて対応するマネジャー像を思い描き、自身はこれとかけ離れていると悩んでいたという。

従来の男性型マネジャー像の呪縛から解かれ始めたのは、第三子の産休・育休中あたりからだ。２０１０年の経営破たんの直後に出産、そして育児休業に入った。管理職として会社のために何をするべきかと思い悩み、経営者らがつづったビジネス書を片っ端から読んだ。そのなかで、子供3人の子育てと妻の看護をしながら東レの役員を務めた佐々木常夫さんの本で開眼した。「合理的に働け」というメッセージと具体策を頭に叩き込んで、職場に戻った。復帰直後に任されたシステム刷新のプロジェクトで、図らずも業務改革を実践することになった。いつしか、時間制約を乗り越えた管理職像を自らつくり出していた。

ホンダの会田さんもまた、出産・育児により視点が大きく変わったという。30代前半で出産するつもりが、開発プロジェクトの関係で「予定より5年遅れ」となり38歳で出産。子育ての経験が仕事にプラスになることを実感している。すぐ近くに横断歩道があるのに道を横切ろうとする人がいる。たった5メートルでも前に進むのが大変だから——こんな心境が理解できるようになった。二輪や自動車を開発するうえで、こうした弱者の視点をもつことは大切だ。

部下に向き合う姿勢も変わった。部下は年上から年下まで全員男性だが、今子育て中の男性は保育園の送迎もあり、両立の課題を抱えている。その葛藤を理解したうえで「子育てをちゃんとやるんだよ」と声をかけるようになった。

日本企業では、育児休業を経て子育てしながらも仕事を続ける働き方が定着してきたのは、2000年代に入ってからだ。仕事か子育てか、という二者択一のイメージは薄れてきている。日本航空の堀尾さんも、ホンダの会田さんも、どちらをとるか、諦めるかという葛藤はなかったという。

多様性の尊重が問われるなか、「我々の世代は（仕事と子育ての両立といった）実体験をもって後進に接することができる。マネジメントのスタイルを変えていくのは私たち世代の責任」と会田さんは言う。自身は仕事と子育ての両立で「何かを諦めることなくできている」とさらりと語る。こうした女性課長が増えていくことで、組織の文化風土も変わっていくだろう。

ポイント３：管理職へのルートが多様化している

役員世代と違う第三の点として、管理職への昇進ルートが多様化していることが挙げられる。管理職は本社総合職採用のみ、という単線型の昇進ルートが崩れつつあるのだ。

ＪＡＬ執行役員の屋敷和子さんのような、勤務地限定の一般職から管理職への登用は当時としては「点」のケースで、後続の女性はさほど多くはなかった。しかし、ＪＡＬ本社以外のグループ会社採用の女性が空港支店長に就くなど本社の昇進ルート以外の道が拓けつつあり、管理職へのキャリアパスが広がるなか、屋敷さんは幅広い女性たちからモデルとして仰がれている。

今各社が進めるのが、地域限定総合職にも管理職登用の道を設けるというものだ。このルートは点から「線」になりつつある。

みずほ証券の権田麻衣さん（34）もまた、その一人。地域限定総合職のまま新宿営業第二部コンサルティング二課長兼店頭サービス課長となり、20代から50代までの部下男女6人を束ねている。「管理職になることなど考えていなかった」という権田さんの考えが変わったのは、引き上げてくれる上司の存在、そして社内研修への参加による。

入社7年目、営業部門で年次筆頭となったとき「自分が頑張らないと下が動かない。自分が一番でなければいけない」とスイッチが入った。毎月、80人ほどの営業部員のなかで常にベスト3に入る成績を収めた。そうした姿を見ていた本部長が「君はこれから活躍する人材だ。どんどん上に上がっていく人材だ」と折に触れて声をかけてくれ、社内の女性管理職育成プログラムに送り出してくれた。いずれ管理職にと見込まれる人材を上司が推薦する選抜型研修である。「あ、私も管理職を目指していいのか」と目覚めることになる。

直属の上司から、そして会社からのメッセージを受けとるなかで、次第に上を目指す気持ちが固まっていった。何より、応援してくれた上司は自身の送別会の席で「君が課長を昇格させろ。そして君が課長になれ」という言葉を残してくれた。「この約束を果たそう」と心に誓ったという。

女性管理職を育成しようという機運のなかで、以前ならば対象とならなかった層が、候補グループに入り始めた。これを「下駄をはかせている」と見るか、「管理職の多様性が広がる」と見るか。その評価は、登用後の活躍にかかっている。ただし、ひとつ確かなことは、思い切ってチャンスを与えようという直属上司の引き上げがなければ、昇進の多様なルートは拓けない。

「管理職一歩手前」の育成に注力せよ

前述したように、女性管理職の育成においてはパイプラインの形成が重要だ。役員、部長、課長、そして管理職一歩手前と、きれいなピラミッドを描くように予備軍が育っていないと、登用が途切れてしまう。

女性管理職を対象にした研修やメンタリングといった育成策に加えて、管理職一歩手前の層に対して幅広く「底上げ」する施策が始まっている。

みずほ証券では、２０１６年度までは権田さんが受けたような係長クラス向けの選抜研修を行っていたが、17年度からは間口を広げて管理職手前の女性社員に対しても幅広く研修を行う。ワークライフマネジメントに焦点を当て、ライフイベントを経ても働き続けることを促すという。継続就業する人が増えなければ、パイプラインの形成はおぼつかないからだ。

ホンダの場合は、管理職に就いていない女性社員全員を対象に、「キャリア計画書」の策定を促し、提出者は社内キャリアカウンセラーによるキャリア面談を受けられる仕組みを整えている。対象となるのは２０１８年時点で約３０００人。始めた当初は手を挙げると「あの人は上を目指しているのかしら」といった目で見られがちだったが、今では本社から開発、生産現場まで職域は問わず、全国の事業所に広がる。年齢も19歳から55歳にわたるという。

キャリア計画書では、今後15年にわたってどのような役割を担いたいか、どんな業務を経験したいか、キャリア形成イメージを具体化して上司と共有する。

提出者に対するキャリア面談は約1時間、カウンセラーとじっくり話し合う。「私まだいいです」「私もういいです」とステップアップを尻込みする人に対しては「何のためにホンダに入ったのか」「何をやりたいのか」と問いかけながら、「あなたにも自己成長してほしい」というメッセージを伝える。悩み相談をしつつ、自立的なキャリア形成につながるきっかけをつくる。隔年でフォロー面談も行い、約2年半の間に延べ１７００人が面談を受けたという。むろんキャリアのゴールは管理職だけではない。しかし、活躍する女性が増えることで、結果的に女性管理職の増加につながっていく。

日本航空にとってもパイプラインの形成は大きな課題だ。管理職予備軍となる30代の女性社員が少なく、育成策に力を入れている。管理職一歩手前の30代女性社員を対象に２０１６

年から行っている、役員グループメンタリングもそのひとつ。半年にわたり役員がメンターとなり、女性社員4～5人同時にメンタリングを行うものだ。役員との対話で高い視座を身につけること、また女性社員のネットワークづくりを手助けすることが目的だという。

ボトムアップで風土改革をしようと、２０１５年9月には社長直轄で「ＪＡＬなでしこラボ」を立ち上げた。30代女性を中心に公募、推薦でグループ各社から集まった社員が10カ月かけて自由研究を行っている。テーマは無意識の偏見に着目した「バイアス＆ビジョン」「インクルージョン＆バイアス」などである。

こうした取り組みもあってか、管理職が若手女性社員を育成する意識も変わってきた。２０１５年の社内意識調査では、「上司はメンバー一人ひとりの成長を考えた仕事の割り当てをしている」という設問への回答に、男女差があまり見られなかったという。仕事の割り当てに対する納得感で、男女差が縮まってきていることがわかる。

女性課長らのキャリアの軌跡を見ると、入社間もない時期の「初期キャリア」がその後の成長に大きな影響を及ぼすことがわかる。管理職手前の層に対して幅広く意識づけを行うことで、女性管理職の裾野が広がっていくはずだ。

女性課長を悩ませる5つの壁

女性の幹部登用に向けて地ならしはされた。やる気のある女性は、粛々とその道を進むのみ——かと思えば、ことはそう簡単にはいかない。女性活躍推進が高らかに叫ばれるなか、ある大手メーカーが各部署にアンケートをとった。「女性社員を異動で受け入れますか」。この問いに対して、なんと大半の部署が「ＮＯ」と答えた。女性社員の育成も登用も大いに結構、ただしわが部署では無理だという「総論賛成・各論反対」である。その理由は、出産で休まれると困る、営業部門だから顧客の理解を得られない、といったものだ。

女性社員にしてこうだから、女性管理職となるとなおさら抵抗がある。ひと昔前なら、女性管理職はパンダ扱い、つまり珍獣扱いされたものだ。さすがに今は、人寄せができるほどの珍獣度ではないが、組織のなかで少数派であることに変わりはない。厚生労働省の２０１８年度雇用均等基本調査によると、２０１８年度の全産業での管理職に占める女性比率は11・8%、技術系の会社では一桁台も珍しくないから、今なお目立つ存在である。

第一・二章に登場した女性役員らが道を切り拓いてきたものの、今なお少数派ゆえの悩みはある。女性管理職ならではの壁とはどのようなものか。40歳前後の女性課長、そして50代を迎えた女性管理職らの証言に耳を傾けてみたい。

その1：「女性枠」と抜擢の度にいわれる

「君は女性だからこのポストに就けたんだからね」

ＩＴ会社に勤める統括課長の女性は、あるとき直属の部長からこういわれて目を丸くした。女性管理職を増やそうという動きのなかで、女性社員が昇進昇格する度に「あの人は女性だから」「女性枠でしょう」と陰でささやかれることは少なくない。実力や実績があってもなお、そうした声が消えることはない。

なんといわれようと、チャンスが巡ってくるのは悪いことではない。大手化学会社の佐藤仁美さん（仮名、54）は「私が30代の頃は、女性だからと管理職試験で落とされた」と言う。男性を先に昇格させたい。だから「君はもう1年待ってくれ」と成績優秀だったにもかかわらず落とされたというのだ。

仁美さんは、その後課長に昇進して活躍するが、今度はこのところの女性登用ブームで思わぬあおりを受ける。「次は部長間違いなしだね。会社は女性管理職を増やしたいみたいだし」と周りから折に触れてからかわれるようになる。この様子を見た男性部長から「君は悪目立ちしすぎだ。このまま部長に昇進すると君のためにならない。もう一度仕切り直して育ててやろう」と、なんと降格されてしまったのだ。

この男性部長はかつて、社内の女性部長第一号の部下だった頃に苦い思いをしたことがあった。「彼女は社内で象徴的な存在だから盛り上げてやってくれ」といわれ、さほど実力があるとも思えない女性上司を支えたことがあるという。このときの面白くない経験から「江戸の仇を長崎で討つ」という人事をされてしまったようだと仁美さん。その後結局は「鍛え直される」こともなく、人事にかけ合って異動をしたという。

抜擢に近い女性管理職の登用によりチャンスをものにする人もいれば、組織内に不公平感や不信感が生じて、かえって足を引っ張られてしまう人もいる。「女性枠」は女性管理職にとってもろ刃の剣である。

その2：成功しても失敗しても目立ってしまう

「目立たないと上げてもらえない、でも目立ちすぎてもダメ。さじ加減が難しい」と言うのは化学メーカーに勤める総合職一期生の女性課長（52）。男性並みの成果でいいかというとそうではない、それを上回る成果を期待される。でも周りともうまく協調して仕事を進めることが求められるという。この難しさは、世代を超えて続いている。

36歳で課長に昇進し、今は部長代理を務めるＩＴ企業の西森由美さん（仮名、42）は、「若い頃から、失敗すると女性は目立つから肩に力が入っていたと思う」と振り返る。典型的な理系職場で男性に囲まれながらも、仕事が大好きで「土日続けて休んだことがないブラックな働き方をさほど苦もなく続けてきた」と苦笑する。

20代の頃は宇宙事業、30代は脳科学に関するプロジェクト、今は新規事業の推進と最先端の分野をいつも走りながら手がけてきた。楽しく仕事をするのがモットー。ところが、「年下の優秀な女性が楽しそうに仕事をしている」ことが、気に入らない年配男性社員もいるらしい。斜め前に座っている男性社員には、挨拶をしても無視される状態が続いているが、まあ気にしても仕方がないと割り切っている。

とにかく仕事のできる女性管理職は、あまりに少数派のため目立つのだ。ＩＴ企業の元女性社員は、部長昇進の際にかつての上司から「祝電」をもらったという。日本経済新聞の人事欄を見て「俺が目をかけて育ててやった女性が部長になった」と嬉しくなって電報を打ったようだ。女性が昇進すると目立つのと同時に、「誰が」引き上げたかも口の端に上る。つまり、女性部下を管理職に引き上げる男性上司は、覚悟を問われるのだ。考えてみると、これはなかなか大変なことだ。男女問わず、優秀な人を昇進させるのがごく自然に行われるようにならないと、「目立ちすぎる」問題は解決しない。

その3：上の世代の女性管理職との「世代差」に悩む

大手素材メーカー課長の里見絵梨さん（仮名、37）は、入社3年目で第一子妊娠を上司に報告したときのことが忘れられない。上司は30代半ばの女性課長。女性総合職は女性の上司のもとで育ててもらったほうがいいだろう、という会社側の配慮による配属だった。

「私があなたくらいの年のときに、子供を産むなんて考えられなかったわ」

と第一声。さらに続いた言葉に、絵梨さんは言葉を失った。

「これから、仕事もプライベートも満点をとれない人生が始まるのね」

上司は既婚者ではあったが、子供はいなかった。仕事との両立を考えると出産など考えられなかったのかもしれない。本当は子供が欲しかったのかもしれないと、今なら冷静に分析できる。女性が育児休業をとりながら仕事を続けられることが当たり前となったのは、２０００年代に入ってからのこと。いわゆる「育休世代」は現在の30代より下の世代となる。それよりも上の年代になると、仕事か子供かの二者択一を迫られるような環境だったのだ。

とはいえ、絵梨さんにとって上司の言葉はきつかった。実はそれまでも厳しい指導を受けていた。上司から営業先を引き継いだものの、新人営業では同じような成果がなかなか出せなかったのだ。

「あなたが総合職だから言っているのよ」

と枕言葉をつけて説教をする様子に、周りからは「女同士は大変だね」とささやかれた。

今振り返れば、上司の気持ちもわからなくはない。営業部門で10年以上ぶりの女性総合職の配属。しっかり仕事をしてもらわないことには、「だから女はダメだ」と言われかねない、しっかり育てなくてはという気持ちだったのかもしれない。営業部門では珍しい女性管理職という職責も重くのしかかっていたのだろう。

自ら道を拓いてきた女性管理職は、自分が頑張ってきただけに、部下の女性にも同じ頑張りを求めて追い込んでしまうこともある。一世代、二世代違う部下たちは、その厳しさについていけないこともある。

ちなみに絵梨さんは、女性上司の厳しい言葉で奮起して、育児休業中は仕事に役立つ資格をとろうと勉強に励んだ。今では「頑張るエネルギーをもらえて感謝している」と笑う。

その4：男性とは違う「母親的」リーダー像を求められる

「みんなのお母さんになってほしい」

前出の化学会社の佐藤仁美さんは、昇進の際に上司からこう告げられた。

のちほど第七章で述べるが、力強いリーダー像は男性のイメージであり、女性には異なるリーダーシップを求められることが少なくない。その代表格が、「お母さんのような」包容力のあるリーダーシップだ。女性管理職だから母親のようなリーダーシップを発揮してほしいというのは、ジェンダー・ステレオタイプの典型ともいえる。ただし、こうしたリーダー像を引き受けるか否かは、その人の個性にもよる。

仁美さんは、結婚、離婚を経て今は一人暮らし、子供はいない。しかし「あっ、それは男性管理職にはできないこと、私ならできる」とピンときた。そうして部下たちの相談ごとに親身になって耳を傾けた。「謝ること、叱ることは私の仕事、何か障害があれば、すぐに教えてほしい」と部下には折に触れて話して安心させた。肝っ玉母さんのように頼りになる母親的リーダーシップである。

仁美さんが、もうひとつ心がけたことがある。仕事ができ格好いい管理職になること。きちんとメイクをして、ネイルサロンにも通った。どんなに忙しくても「ズタボロの管理職にはなりたくなかった」。女性管理職は、仕事ができるだけでは後輩たちの憧れの対象とはならない。服装もメイクも、さらにはネイルもと、男性管理職以上に身だしなみに時間も労力もかけないと、憧れの存在にはなれないのだ。

従来の男性リーダーとは違うリーダー像の答えはひとつではない。自らが模索して見つけ出すしかない。

その5：振り返ると、あとに続く後輩がいない

「そんなに頑張れません、と後輩からいわれてしまう」

「あとに続く後輩がいない」

たくましい女性役員らがこうした台詞を口にするのはまだ想像できるが、意外にも40歳前後の若手の女性課長からも同じ声が上がっている。

電子部品商社の秘書課長、鈴木留美さん（仮名、39）は、出産後に育児休業を半年で切り上げ、さらには短時間勤務ではなくフルタイム勤務で復帰した。鈴木さん自身は「やろうと思うかどうかの違いだけ」ときっぱり。しかし後輩からは「鈴木さんみたいにはできません」といわれてしまうと苦笑する。今のポストを早く後輩に渡したいと思うものの、なかな

かバトンを渡せないのが悩みの種だ。

前出の里見絵梨さんの場合、同期１００人中女性は７人、ふと気づくと女性総合職で残っているのは絵梨さん一人となっていた。20代で子供２人を出産して育児休業をとりながらも踏ん張ってきた。アジア出張が1カ月に及んだときには、子供のケアのために週末だけ帰国するというハードスケジュールで乗り切った。37歳の若さで課長に昇進したのは、こうして子育てしながらも成果を上げたことが認められてのことだ。

しかしあるとき絵梨さんは、同じ部署で自分に続く女性の後輩が一人しかいないことに気づいてハッとした。「これまで自分のことだけで精いっぱいだった……」。反省した絵梨さんはさっそく動き始めた。ダイバーシティ推進が先駆的なことで知られる企業から推進室長を招いて、社内で女性社員とその上司を集めてセミナーを開いた。内々でつけたテーマは「女性社員の働きにくさをぶっちゃける会」。

課長となった今、女性の部下にこう伝えている。「躊躇せず、自分のやりたいことをどんどん上にいいなさい」「女性は自分の意見をいわないと、やりたいことをやらせてもらえないから」。自分自身20代の頃、「女性の営業はお客様に失礼だ」という理由で、会社の中核となる素材の営業をさせてもらなかった経験からだ。「頑張ってもダメなのかな。私が劣等生だからか」と悶々としたという。

　女性社員には本流の仕事を任せず、生かさず、殺さず……そんな会社の姿勢を突き崩していくには、女性社員自ら動かなくてはいけないと考えている。１９８６年に男女雇用機会均等法が施行されてから30年以上経ってもなお、30代の女性課長が会社の意識改革のため、後輩を勇気づけるために獅子奮迅しなくてはいけない状況が続いている。

番外編：夫との家事育児の分担・収入差という「家庭内の壁」

「ずっと夫がライバルだった。夫が昇進してもおめでとう、と言えなかった。これからもし彼が社長になったとしても悔しいと思うだろうな」

　こう笑うのはＩＴ企業の部長、山本千夏さん（仮名、56）だ。同期入社の夫は大学院卒だから2歳上、昇進は常に彼のほうが先だった。千夏さんは２人の子供を育てながら、ソフトウエアの開発部隊で、ずっと「傍流の仕事をしてきた」。子供が小さいうちは、千夏さんが残業できるのは週1回だけ。夕方6時からの会議には、保育園のお迎えのためにほとんど出席できず、昇進は同期のなかでも最後のほうだった。「（世帯）収入は２人で稼いだと思えばいいじゃないか」と言う夫に、「あなたは保育園の送りだけ。お迎えはいつも私でしょ。家事育児を経済価値に換算するとどのくらいになると思っているの」と食ってかかったものだと当時を振り返り苦笑する。

社内結婚の場合、昇進昇格、また賞与の額によって、配偶者の社内評価がリアルにわかる。千夏さんの場合は、同期の夫に対して家事育児を公平に分担せずに昇進を遂げていることに面白くないという思いが募ってしまう。

管理職夫婦の場合、その逆もある。つまり妻のほうが先に昇進したり、高収入になったりすることもある。夫婦ともに管理職というパワーカップルで、夫の浮気が発覚したときに、妻の収入が夫を上回っていることが話題に上ることが少なくないと聞く。むろん妻の高収入と夫の浮気との因果関係は正確にはわからないが、夫婦間に微妙な空気が流れることがあるようだ。

女性管理職にとって、壁は社内だけではない。既婚者にとっては夫との家事育児分担から、収入バランスまで火種になる。

＊1　日本航空、ホンダ、みずほ証券の3人の女性課長の本文中の肩書、年齢は2018年取材時のもの
＊2　2018年4月1日付けで部長に就任、2020年1月現在ミッション・ディレクター
＊3　2020年1月現在、本田技研工業二輪事業本部ものづくりセンター完成車開発部運営管理課課長

第七章

女性幹部にまつわる5つの誤解

女性管理職の登用がなかなか進まない。

理由はさまざまあるが、なかでも必ず上がる声が「管理職にふさわしい女性がいない」「女性自身が管理職になりたがらない」というものだ。果たして管理職にふさわしい女性がいないのだろうか。女性は管理職になりたくないのか。

女性管理職にまつわる固定観念は他にもある。「女性は木を見て森を見ず、大局観に欠ける」「管理職のハードワークは子育て中の女性には難しい」「女性管理職には面倒見のいいお母さんタイプが多い」。これらもまた本当なのか。

謎を解くために、２０１８年６月に大手企業25社約２５００人の協力を得て、「リーダーシップ・スタイルとジェンダー・バイアス」に関するアンケート調査を行った。データ分析は、目白大学客員研究員の川崎昌氏とともに行った。

その結果を先に述べてしまおう。女性はリーダーに向かないという思い込みはないか、決めつけてはいないか、今一度問い直したほうがいい。

それを物語るデータとともに見ていきたい。

調査概要

□**調査期間**：2018年6月初旬から約1カ月間、WEBにて実施。(回答は無記名)
□**調査対象**：25社に勤務する、以下3階層に属する男女2527人
①役員・部長職　②課長職　③管理職一歩手前の予備軍
□**回答者**：性別／男性66.3%、女性33.7%。
年代／20代1.2%、30代17.7%、40代46.1%、50代33.9%、60代以上1.2%
□**質問票の構成**：
A)「リーダーシップ・スタイル」を問う設問（MLQ：35問、5件法）
MLQ：代表的なリーダーシップ尺度
B)「ジェンダー・バイアス」を探る設問（特性語：38問×３セット、７件法、詳細は以下）
C)「性別役割分業意識」や「昇進意欲」を問う設問（16問、５件法）
D) 自由記述（１問）
E) 属性に関する質問（10項目）

B)「ジェンダーバイアス」調査・分析方法

1) 調査方法

38の特性語（後掲の表参照）に対し、いずれも日本において、
①成人男性がもつことが望ましいとされる程度
②成人女性がもつことが望ましいとされる程度
③組織リーダーがもつことが望ましいとされる程度
を７件法で回答。(１「まったく当てはまらない」～7「とても当てはまる」)

例)【責任感が強い】
1. まったく当てはまらない　2. 当てはまらない　3. やや当てはまらない
4. どちらとも言えない　5. やや当てはまる　6. 当てはまる　7. とても当てはまる

2) 分析方法

性別、階層別に平均値を算出して比較。平均値は以下の方法で計算した。

平均値：
選択肢の番号を数値得点として、回答者全員の得点を合計し、それを回答者数で割ることによって算出

◆「ジェンダー・バイアス」調査に用いた38の特性語

きれい好きである	目標へのコミットメントが強い	話し方がやさしく穏やかである
行動力がある	野心的である	リーダーとしての能力を備えている
友好的である	責任感が強い	愛想がよい
率先して行動する	繊細である	謙虚である
従順である	見た目に気を遣っている	優しい
助けになる	競争的である	ハードワークに耐える
子供への関心がある	周囲への気遣いがある	積極的である
好かれる	よい聞き役である	キャリア志向である
気遣いが上手である	プレッシャーに強い	自立している
感情を人前で表す	反抗的である	能力が高い
数字に強い	手助けを惜しまない	説得力がある
ビジネスセンスがある	礼儀正しい	チャレンジ精神が豊かである
分析的である	困っている人への思いやりがある	

その1）女性は管理職になりたがらない

→昇進意欲は男性のほうが強いが、リーダー意欲に男女で大きな差はない

確かに男性に比べると女性のほうが、昇進意欲は低い。図表7－1（292ページ）の通り、男性は3割強が部長職を目指しており、執行役員以上を目指す人も3割を超える。一方女性は、希望役職を部長、課長とする人がそれぞれ25％ほどで、「役付きでなくてもよい」もほぼ同数いる。

　この昇進意欲と併せて見たいのが、リーダー意欲の男女差である。図表7－2（292ページ）の通り、「組織のより大きなビジョンを描けるようになりたい」「人を束ねて社会に影響を及ぼしたい」「大きな予算をもってスケールの大きい仕事をしたい」という3項目で、リーダーシップをとる意欲について男女の差を測ってみた。すると、男性のほうがやや高いものの、男女で大きな差は見られないことがわかった。

　図表7－1、図表7－2の2つのデータから浮かんでくるのは、リーダー意欲に男女で大差はないが、昇進意欲に大きな男女差があるということだ。

図表7-1　昇進希望役職の男女差は顕著だ

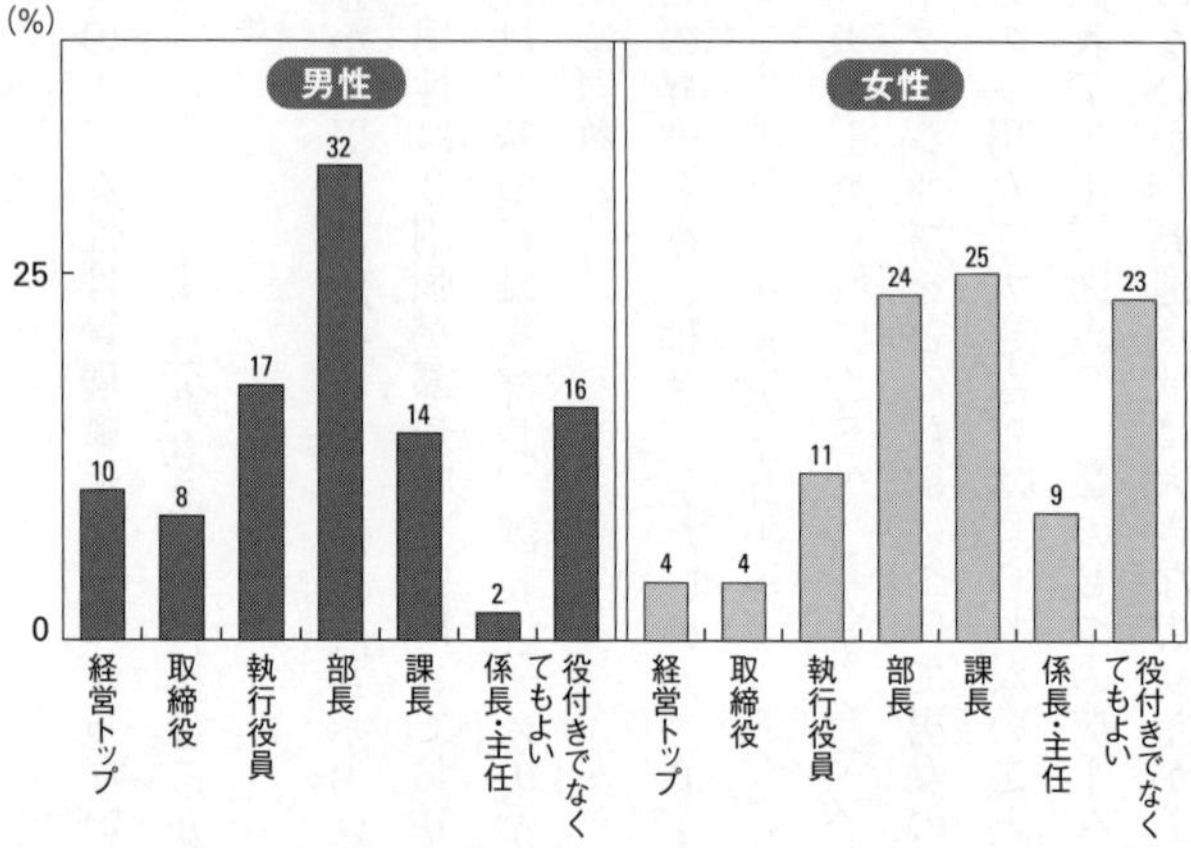

（出所）「リーダー意欲と性別役割分業意識に関する属性分類の探索的検討」（川﨑昌・野村浩子、情報ディレクトリー学会発表論文、2018年8月）

図表7-2　リーダー意欲は男性のほうがやや高いものの、大きな男女差は見られない

回答者性別／リーダー意欲	男 性	女 性
組織のより大きなビジョンを描けるようになりたい	4.00	3.77
人を束ねて社会に影響を及ぼしたい	3.25	3.01
大きな予算をもってスケールの大きい仕事をしたい	3.35	3.03

（注）「大変当てはまる」を5とし、「全く当てはまらない」を1とした5段階の回答の平均値
（出所）「ジェンダー・バイアスとリーダーシップ」25社2500人調査（野村浩子・川﨑昌、2018年）

女性はリーダーシップを発揮してスケールの大きな仕事をしてみたいと思うものの、管理職には魅力を感じない。

課題はここにある。それは今目の前にいる管理職が魅力的ではないことが一因だ。

長時間労働が続く職場では、「部下を残して先に帰れない」と考える管理職もまだまだいる。プレイングマネジャーとして多くの仕事を抱えて疲弊しているケースもある。「あのような管理職なら、なりたくない」と思ってしまうのだろう。

長時間労働を是とする男性一色の単一集団から、育児や介護などで時間制約をかかえながら働く多様な社員のいる組織へ。働き方改革を経て、今日本企業は大きく変わろうとしている。求められる管理職像も当然ながら変化している。

女性は管理職になりたがらない、と嘆く前に、管理職の在り方を見直す必要がある。

男性リーダーに望まれる特性には女性との共通項は少ない

図表7-3　組織リーダーに望まれる特性上位10

順位	特性語	男性に望ましい	女性に望ましい	組織リーダーに望ましい
		平均値	平均値	平均値
1	リーダーとしての能力を備えている	5.49	5.01	6.47
2	責任感が強い	5.91	5.58	6.43
3	行動力がある	5.80	5.37	6.39
4	説得力がある	5.62	5.21	6.35
5	目標へのコミットメントが強い	5.59	5.14	6.33
6	率先して行動する	5.73	5.26	6.31
7	プレッシャーに強い	5.57	5.04	6.28
8	ビジネスセンスがある	5.49	5.06	6.27
9	自立している	5.92	5.49	6.25
10	能力が高い	5.48	5.27	6.22

図表7-4　男性に望ましい特性上位10

順位	特性語	男性に望ましい	女性に望ましい	組織リーダーに望ましい
		平均値	平均値	平均値
1	自立している	5.92	5.49	6.25
2	責任感が強い	5.91	5.58	6.43
3	行動力がある	5.80	5.37	6.39
4	礼儀正しい	5.77	5.86	6.02
5	率先して行動する	5.73	5.26	6.31
6	困っている人への思いやりがある	5.68	5.84	5.94
7	チャレンジ精神が豊かである	5.66	5.23	6.20
8	周囲への気遣いがある	5.64	5.84	6.07
9	説得力がある	5.62	5.21	6.35
10	積極的である	5.61	5.24	6.20

組織リーダーに望まれる特性と、共通項が多いが、女性

図表７-５　女性に望ましい特性上位10

順位	特性語	男性に望ましい	女性に望ましい	組織リーダーに望ましい
		平均値	平均値	平均値
1	礼儀正しい	5.77	5.86	6.02
2	周囲への気遣いがある	5.64	5.84	6.07
3	困っている人への思いやりがある	5.68	5.84	5.94
4	気遣いが上手である	5.40	5.69	5.93
5	友好的である	5.54	5.69	5.79
6	責任感が強い	5.91	5.58	6.43
7	優しい	5.31	5.56	5.37
8	手助けを惜しまない	5.53	5.55	5.91
9	助けになる	5.59	5.51	5.94
10	自立している	5.92	5.49	6.25

（注）下に地色をつけた特性語が、組織リーダーと男性に共通する特性語、罫で囲んだ特性語が組織リーダーと女性に共通する特性語

図表７-６　部下のいる女性も、リーダーは男性向きと考えている
——特性語「リーダーとしての能力を備えている」の平均値の層別比較

	「リーダーとしての能力を備えている」ことが	
	女性にとって望ましい	男性にとって望ましい
回答者	平均値	平均値
部下のいる女性	4.99	5.61
部下のいる男性	5.11	5.43
部下のいない女性	4.80	5.60
部下のいない男性	5.02	5.39
全体平均	5.01	5.49

（出所）「組織リーダーの望ましさとジェンダー・バイアスの関係——男女別、階層別のジェンダー・バイアスを探る」（野村浩子・川崎昌、淑徳大学人文学部研究論集第４号、2019年３月）

この結果から、組織リーダーは男性向きであり、女性には向かないというバイアス（無意識の偏見）があることが窺える。こうしたバイアスは、男性よりも女性のほうがより強い（図表7-6、297ページ）。役職に就いている女性でさえも、リーダーは女性よりも男性のほうが向いていると考えている。なぜ、女性のほうがそうしたジェンダー・ステレオタイプが強いのか。米ラトガース大のラドマン・L・A教授らは、女性のほうが「女性はこうあるべき」というジェンダー・ステレオタイプから逸脱した際のバックラッシュが強いため、より規範に沿う考え方や振る舞いをするようになると指摘する。

例えば、ドナルド・トランプ米大統領と選挙戦を戦って敗れたヒラリー・クリントン氏。力強く、競争的なリーダーシップを示したことで、男性ばかりか女性の間でも好感度は低迷した。米国社会でもジェンダー・バイアスは根強い。女性に望ましいとされる「優しい」「周囲への気遣いがある」といったフォロワー型の振る舞いから逸脱して、力強く、野心的な姿を見せる女性に対しては、厳しい目線が注がれる。いわんや日本においてをや、である。

男性はリーダー的言動が望まれる、女性はフォロワー型の振る舞いが望ましいとされるジェンダー・バイアスは、当然ながら女性リーダー育成の壁となる。女性が社会的に女性として望ましいとされる振る舞いを続ける限り、リーダーへの道は拓かれない。評価をする組織の側も、無意識のうちに女性として望ましい行動を求めるならば女性管理職の育成はおぼつかない。評価にあたっても、ジェンダー・バイアスに左右される危険性がある。「管理職にふさわしい女性がいない」と何気なく口にする言葉に潜むバイアスに目を向ける必要がある。

その３）女性は「木を見て森を見ず」、大局観に欠ける
↓ 男女のリーダーシップ・スタイルに差はない

女性のほうが細やかな気配りが必要なポストに向いている、新規プロジェクトのリーダーは男性のほうがいいだろう——など、さほど根拠もなくリーダーシップスタイルの男女差がイメージで語られることがある。果たしてリーダーシップのとり方に男女で差はあるのか。

日本より女性管理職の登用では一歩も二歩も進んでいる米国では、既に２０００年代はじめからリーダーシップ特性の性差に関する研究が進んでいる。その際に用いられたのが、組織に成果をもたらすリーダーシップ・スタイルとして広く知られている変革型リーダーシップの理論であり、これを基準化した尺度がMultifactor Leadership Questionnaire（以下、ＭＬＱ）である。

変革型リーダーシップとは、組織にイノベーションをもたらすリーダーシップ・スタイルで、ビジョンを語りミッションを共有する、部下のやる気を高める、組織員の個別性に配慮して育てるなど、まさに組織を変革して新しい未来を拓くものである。ＭＬＱではこうした「変革型」と併せて、これとは対照的な「交換型」リーダーシップも測る。成果を上げた部下に昇進や報酬で報いて満足感を与え、さらなる成果を促す、まさに交換関係で部下を率いるスタイルである。

このＭＬＱの尺度を用いてジェンダー関連でも実証的研究が重ねられてきた。米国の研究者イーグリー・Ａ・Ｈらは、過去45本の研究データをメタ分析で検証し、男女によるリーダーシップの違いを明らかにした。その結果、女性は男性よりも変革型リーダーシップの資質で上回ると報告している。

これに対して、リーダーシップに性差はほとんどないという研究成果も見られる。

同じく米国のハイド・Ｊ・Ｓは、性差間の差よりも性差内の差のほうが大きいと分析、性差を強調することにより組織内の有効な人材活用を妨げる危険があると指摘する。日本でも広島大学の坂田桐子教授は、リーダーシップに関する特性や行動は、一般的なイメージに反して全体的な男女差は大きくないとする。

図表７-７　変革型リーダーシップの男女差はないが、役職差はある

属性差／リーダーシップ・スタイル	性 差	役職差
変革型リーダーシップ	なし	あり
交換型リーダーシップ	なし	なし

（出所）「成果につながるリーダーシップ・スタイルの男女階層別比較」（野村浩子・川﨑昌、淑徳大学人文学部研究論集第５号、2020年３月）より作成

そこで今回の25社２５００人調査では、リーダーシップ・スタイルの男女差を探った。さらに取締役から部課長、管理職一歩手前の各階層に調査を行い、役職でどう異なるかを分析した。

その結果が、図表７－７である。「変革型」「交換型」ともに、男女による違いは見られない。役職別に見ると変革型リーダーシップについてのみ有意に差が見られた。課長より部長、部長より役員と、役職が上になるにつれて変革型リーダーシップをとる傾向が見られる。この傾向は、男女とも同じであった。

ここからいえることは何か。

組織に変革をもたらす、これから求められるリーダーシップに男女で差はない。冒頭に挙げた「新規プロジェクトのリーダー」といった難しい役職は男性でなくては難しい」といったイメージは、根拠のないものだ。

ましてや「女性は木を見て森を見ず」も単なる偏見でしかないことがわかる。

ただし男女差はないが、役職差はある。組織を変革するようなリーダーでないと昇進は難しい、もしくは上の役職になるほど変革型リーダーシップを求められるようになる。それに男女の差はないということだ。

その4）管理職のハードワークは、子育て中の女性には難しい
──→「女性はハードワークに耐えてはいけない」という刷り込みがある

「管理職になると大変そう。私には無理」──、管理職になることを尻込みする女性からよく聞かれる言葉だ。とりわけ「子育てしながらなんて無理、両立できない」という。子育てで時間制約があるなかで、大きな責任を担うのは難しいという思いが、「無理」という言葉には込められている。

誤解その1で述べたように、管理職像は今変わろうとしている。率先して長時間労働を担いチームを率いる管理職では、もはや回らない。長時間労働を「踏み絵」として組織への忠誠心を測って管理職に昇進させるという企業文化も変わりつつある。

図表７-８　特性語に対する男女の望ましさで差が大きい上位10

順位	特性語	男性に望ましい	女性に望ましい	組織リーダーに望ましい
		平均値	平均値	平均値
1	ハードワークに耐える	5.27	4.47	5.71
2	野心的である	4.80	4.14	5.29
3	競争的である	4.81	4.19	5.34
4	数字に強い	5.30	4.74	5.97
5	プレッシャーに強い	5.57	5.04	6.28
6	分析的である	5.30	4.78	5.88
7	繊細である	4.18	4.73	4.52
8	きれい好きである	4.91	5.41	5.06
9	率先して行動する	5.73	5.26	6.31
10	リーダーとしての能力を備えている	5.49	5.01	6.47

（出所）「組織リーダーの望ましさとジェンダー・バイアスの関係──男女別、階層別のジェンダー・バイアスを探る」（野村浩子・川崎昌、淑徳大学人文学部研究論集第4号、2019年３月）

カルビーでは短時間勤務のまま執行役員に昇進した女性役員がいることが知られている。高島屋では、短時間勤務でも管理職に昇進させる試みを始めている。管理職に就くことにより責任が増すことに変わりはないが、少なくとも管理職となる要件として長時間労働を強いる文化は少しずつ変わり始めている。

今回の25社２５００人調査で、組織リーダー・女性・男性に求められるものを聞いたなかで、男女の望ましさの差が最も大きかった特性語が「ハードワークに耐える」というものだった（図表７－８）。

組織リーダーや男性は、ハードワークに耐えることが望ましいとされるものの、女性には望ましいとされないのだ。この回答分布をグラフ化すると図表7－9－1のようになる。

次に図表7－9－2を見てほしい。データが平均値近くに集中する度合いが大きいほど、回答者の回答傾向にばらつきが少ないということになる。そのため、多くの回答者の集中した回答パターンの影響を受け、抑制もしくは促進の働きかけが強くなると考えられる。

女性はリーダーもしくは男性に比べると、平均値が低く回答の集中度合いが強い。そこで女性の行動に対して、「ハードワークに耐えてはいけない」という抑制的ジェンダー・バイアスが働いていることがわかる。

ちなみに、「野心的である」「競争的である」も同様の回答分布であり、女性の行動に対して抑制的に働くことがわかった。つまり、女性は野心的であってはいけない、競争的であってはいけないというバイアスが働くのだ。

管理職の仕事が長時間労働を強いるものから変化しているとはいえ、精神的に負荷のかかるものであることに変わりはない。もしもそれをハードワークと感じるなら、そうであろう。「女性はハードワークに耐える」ことを禁じるジェンダー・バイアスが存在している。それが女性自身に、そして登用する組織に「（ハードワークの）管理職は女性には難しい」と思わせるバイアスになっている可能性もある。

図表７-９-１「ハードワークに耐える」ことは女性にはあまり望まれない
——特性語「ハードワークに耐える」ことに対する「望ましさ」の回答密度

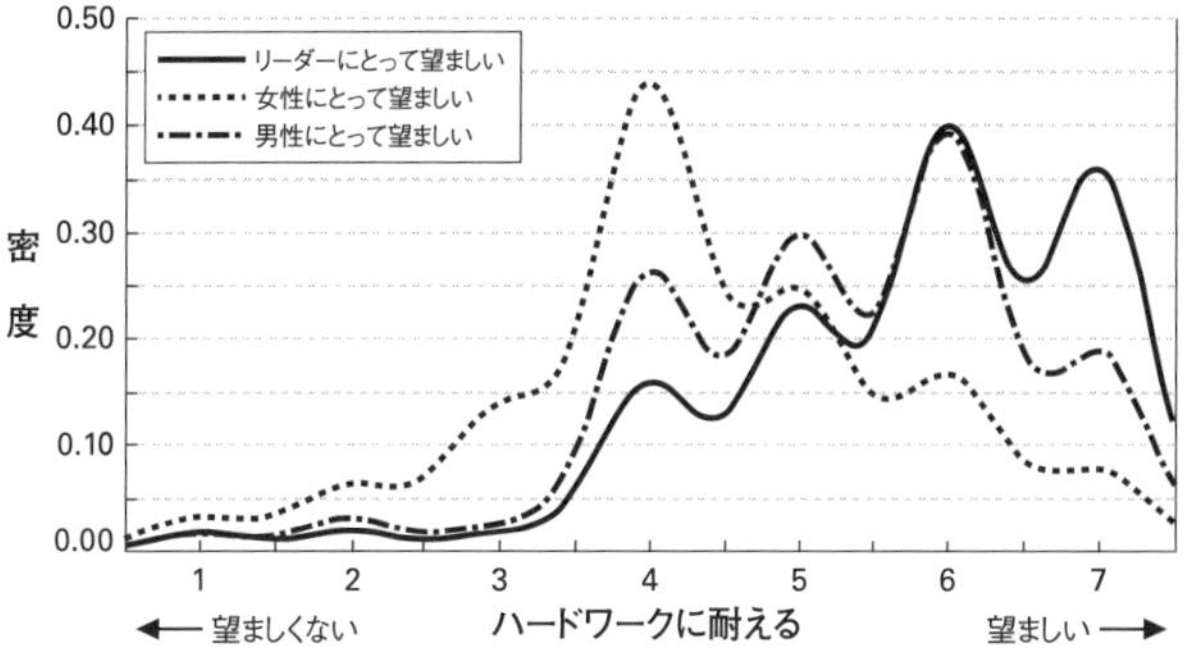

（注）「ハードワークに耐える」という特性語に対して、リーダー・女性・男性にそれぞれ望ましい程度を7段階で回答してもらった。リーダーや男性にとって「ハードワークに耐える」ことが望ましいとする程度が高い。一方女性にとって望ましいとする程度は高くない

図表７-９-２「女性はハードワークに耐えてはいけない」というバイアスがあることが窺える
——特性語「ハードワークに耐える」の「望ましさ」の回答密度

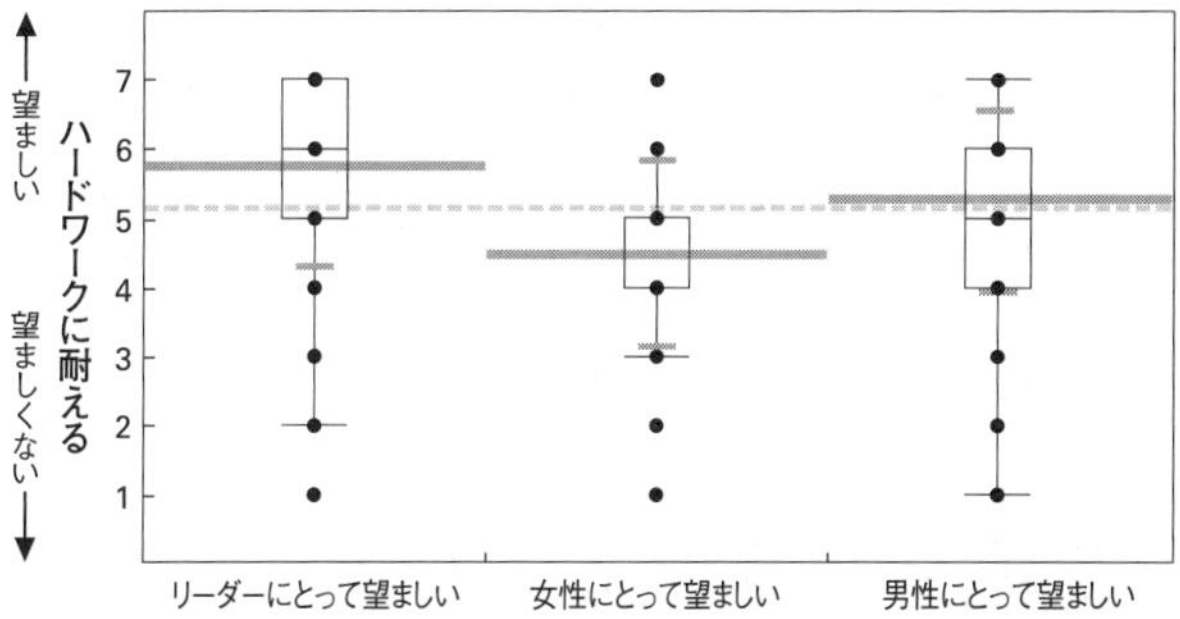

（注）「ハードワークに耐える」ことは、リーダー、男性にとっては望ましいとする程度が高く、女性にとっては低い。かつ女性に望ましいとする回答は低めの平均値近くに集中していることから、「女性はハードワークに耐えてはいけない」と女性の行動を抑制する方向に働くと分析できる

（出所）「組織リーダーの望ましさとジェンダー・バイアスの関係——男女別、階層別のジェンダー・バイアスを探る」（野村浩子・川崎昌、淑徳大学人文学部研究論集第４号、2019年３月）

その5）女性管理職には、面倒見のいいお母さんタイプが多い
──→これからの時代、管理職には男女問わず「個別配慮」が求められる

ある取締役の女性はともに役員を務める男性から「あなたは女性だから、会議では是非、母性愛をもって発言してほしい」といわれて唖然としたという。女性はすなわち母性愛をもった存在であり、組織のなかでもそうした役割が求められているといいたかったのだろう。どうやら彼の頭のなかには、理想の女性幹部像として包容力のある母親のようなイメージがあるようだ。

もしも母親タイプが細やかに目配りをする、一人ひとりの個性を見極めて育てるという意味なら、これからの時代には男女問わず管理職に求められる視点である。今回の25社2500人調査ではそうした視点を「個別配慮」と名付けて、役職別、性別で分析してみた（図表7－10）。「個別配慮」は「部下を単なるチーム（部署）の一要員としてではなく、一人の個人として扱う」、「部下の強みを伸ばそうと手助けする」などの3項目の回答を測ったものだ。

ここで変革型リーダーシップに関するその他の項目についても説明しておこう。

図表7-10　成果につなげるリーダーシップ・スタイル、性別・階層別比較

取締役	
個別配慮	0.44
ビジョン伝達	0.23
動機鼓舞	0.21
逸脱管理	-
存在強調	-

部長男性	
ビジョン伝達	0.31
動機鼓舞	0.23
存在強調	0.21
個別配慮	0.19
逸脱管理	-

部長女性	
ビジョン伝達	0.31
逸脱管理	0.27
存在強調	0.25
個別配慮	0.22
動機鼓舞	-

課長男性	
個別配慮	0.27
存在強調	0.24
ビジョン伝達	0.23
動機鼓舞	0.21
逸脱管理	0.08

課長女性	
ビジョン伝達	0.43
個別配慮	0.30
存在強調	0.23
逸脱管理	-
動機鼓舞	-

（出所）「成果につながるリーダーシップ・スタイルの男女階層別比較」（野村浩子・川﨑昌、淑徳大学人文学部研究論集第5号、2020年3月）より作成

「動機鼓舞」は「やるべきことについて熱意をもって語る」「強い目的意識をもつことの重要性を明確にする」などの7項目を、「ビジョン伝達」は「ミッションを共有することの重要性を強調する」、「説得力のある将来のビジョンを明確に述べる」などの3項目をまとめたものである。

一方の「交換型リーダーシップ」は、「逸脱管理」「存在強調」の2つの因子で見た。「逸脱管理」は「標準からそれることがないように、注意を払っている」、「ミス、失敗、不平不満に、最大の関心を向けている」などの4項目、「存在強調」は「他者から一目置かれるように振る舞っている」などの3項目である。

図表7－10（307ページ）は、これらのリーダーシップの各因子が、「成果」にどうつながっているかを数値で表したものだ。

この場合の「成果」とは、「部下・同僚の仕事に関するニーズを満たせるように、彼（女）らをリードすることができる」、「組織が求めるものを達成する力をもっている」など7項目で質問したもので、自らが考える成果である。

さて今一度、図表7－10を見てほしい。ここで注目したいのは「個別配慮」である。「部下を単なるチームの一要員としてではなく、一人の個人として扱う」「部下の強みを伸ばそうと手助けする」といった個別配慮を成果につなげているのは、階層別で見ると役員層が最も強い。現場で社員一人ひとりと向き合う機会が少なくなっている役員層でこうした傾向が出ているのは意外かもしれない。これは何を意味するのか。職場で多様な社員が働くようになり、ダイバーシティ経営の重要性が高まるなか、これが企業の成長につながることを役員層が最も強く意識しているということだろう。

同じく「個別配慮」を部長層、課長層で男女を比べてみると、男性部長よりも女性部長のほうが、また男性課長よりも女性課長のほうがより強く成果につなげていることがわかる。女性管理職のほうが、自身の職場でのマイノリティ経験からダイバーシティ・マネジメントの必要性をより強く感じ、これを実践して成果につなげているのだろう。

現時点では「個別配慮」は女性管理職の強みとして語られがちだが、これからますますダイバーシティ経営の重要性が増すなかで、男女問わず管理職に求められるものである。

（注）年齢、肩書は2020年1月末時点。敬称略

鈴木麻子(56)	絹川幸恵(55)	馬場久美子(54)
本田技研工業	みずほ証券	JFEホールディングス
執行役員　人事·コーポレートガバナンス本部長	リテール·事業法人部門プライベートバンキング統括執行役員	監査役
海外事業の基礎を叩き込まれた(20代後半)。その後14年に及ぶアジア赴任の基礎を身につける。英文の財務諸表の読み方、現地での交渉術、ホンダフィロソフィーなど多くを学ぶ	腰かけ気分からの脱却(31歳)。子供が入院し、自分にとっての仕事の意味を深く考えた。母からの問いかけ、夫のサポートからも気づきを得る	子育てとの両立では、強固な性別役割分業意識など理不尽さを味わい奮起した(20代～30代)。子育て社員を支援するには、あらゆる手段を用意しないとフェアにならないと知る。ワンオペ育児で離婚も経験
アジア勤務の最初の赴任地タイで通貨危機を受けての経営難を乗り切る(30代半ば)。余剰人員が出ても解雇せずに従業員を守り、豪州への輸出実現などで乗り切る	企画部門から営業部門への異動(39歳)。上司の働きかけで、子育てとの両立がしやすいコンフォートゾーンから出る	第二子育休復帰後に海外契約交渉の部署に異動。海外提携先との契約交渉で経営判断の視点、論理的思考を鍛える(28歳～30代半ば)
マレーシアで合弁会社立ち上げ。自社利益より現地で長く愛される企業づくりを学ぶ(37歳～39歳)。マレーシア人、中華系パートナー企業、ホンダと三者を融合。相手をリスペクトする大切さを知る	部長をクビになった(43歳)。周りからさっと人が引いていった。修羅場経験で胆力がつく	東芝時代、西田厚聰氏から、経営の視点を学ぶ(30代～40代前半)。契約締結には経営トップのサインが必要。その折に西田氏から、未来志向、大局的な判断を学ぶ
ベトナム赴任でゼロからの販売網構築(41歳～43歳)。わずか1年3カ月で販売網を築く。レールのない新ビジネス立ち上げを経験する	自ら手を挙げ、合併先の牙城リテール部門に異動(40代後半)。営業部門で数字を上げると女性は目立つと考え、見事成果を出す	ハーバード大経営大学院の上級管理職プログラムで、当時の勤務先、東芝を客観視した(45歳)。東芝の事業構造の厳しさを再確認。世界各国の経営幹部との議論からも学ぶ
中国で社員8000人を擁する中国企業との合弁企業の社長となる(50歳～52歳)。対等合併のため中国側トップの中国人副総経理とツートップ経営。尖閣問題で揺れるなかで舵取りをする		

女性役員の「一皮むけた経験」まとめ

名　前	鳥海智絵(54)	鎌田由美子(53)
企業名	野村証券	ONE・GLOCAL代表
役　職	営業部門企画統括専務執行役員	カルビー上級執行役員事業開発本部長を経て、2019年から現職
一皮むけた経験①	ごみ箱から先輩の資料を拾っては勉強して知識を蓄えた(20代前半)。入社間もなくは「船底にいる気持ち」だったが、仕事の意義を見いだし「甲板に出た」	JR東日本から百貨店に出向し小売りの基礎を学ぶ(20代半ば)。駅ビル再生ビジネスを手がけたいと願い出ての出向だったが、百貨店提携計画は白紙に
経験②	結婚後、夜8時には急いで帰宅して夕飯づくり。仕事と家庭を完璧に両立しようとして挫折。自身のジェンダーバイアスに気づく。無理をしないことを決める(30歳頃)。	立川駅に百貨店スタイルの商業施設立ち上げ。開業からマネジメントまで学ぶ(29歳～35歳)。JR東日本が初めて空間開発から手がけた小売業で足かけ6年基礎を学ぶ
経験③	社長秘書、経営企画部長時代に、経営の視点を学ぶ(39歳～40代半ば)。時間軸、空間軸で大局的に物事を見る視点を身につける	エキナカ立ち上げ。従業員7万人の巨大組織で根回しに奔走し企画を通す(30代後半)。大企業の縦割り組織の論理を知る
経験④	野村信託銀行の社長となり、グループ中核会社を離れてマイノリティの視点を知る(48歳～52歳)。部長、役員は全員5歳以上年上の男性という経営陣を率いる	39歳の若さで子会社社長に就任。社員100人を抱えるエキナカ開発・運営会社の社長に抜擢され、会社経営の難しさも知る。部下育成に力を入れた(39歳～42歳)
経験⑤		本社に戻り地域活性化事業を手がけ「これぞ私の天職」と思う(42歳～47歳)。小さくても雇用を生み出し、観光客を呼び、地域を豊かにする事業に目覚める

（注）年齢、肩書は2020年1月末時点。敬称略

屋敷和子(62)	安田洋子(59)	小川理子(57)
日本航空	高島屋	パナソニック
執行役員東京空港支店長、JALスカイ社長	常務取締役営業推進部長	テクニクスブランド事業担当参与、アプライアンス社副社長、技術担当(兼)技術本部長、テクニクス事業推進室長
JALスカイサービスに出向して42歳のとき課長となる。海外航空会社の地上サービス受注ビジネスを立ち上げた。新事業のゼロからの立ち上げが、のちの管理職の基盤となった	家具売り場のコーディネーターとなり、上司からダイナミックな売り場づくりを学ぶ(20代後半)。先進的な売り場づくりがフロア、そして館全体の改装につながることを上司の背中から学ぶ	先輩から「仕事も音楽も中途半端」といわれ深く内省。音楽も仕事も追究することでシナジー効果を生み、自分の個性としようと決意(30代前半)
神戸空港所長となり、新空港開設を経験(40代後半)。一般職入社ながら、思いがけず本社管理職となり、転勤も経験。新空港立ち上げで地域交渉やJALの顔としての仕事も担う	新宿店立ち上げメンバーとなり、企画から開店後のマネジャーまで足かけ9年、新プロジェクト立ち上げを経験(30代)。思いだけでは新プロジェクトは形にならないことを知る	オーディオ事業部門縮小で仕事がなくなる危機感から、自ら手を挙げ異動。ネットサービスの世界に飛び込む。新サービス立ち上げで失敗も経験(40歳前後)
経営破たんで大きな学びを得る(50代前半)。稲盛氏から、採算に対する厳しい意識、大局観、フィロソフィの大切さを学ぶ。顧客への感謝の念も深まる	日本橋店、玉川店改装にあたり、上司と社内各部署の間に立ち1カ月で7キロやせる(41歳)。健康を害してまでやらなければならない仕事などない、開き直りも必要と知る	ネットサービスの厳しさを知る一方、演奏家としての評価が海外でも高まり会社を辞めるか悩む。本業と演奏家の二足のわらじをはくことを決意(40歳前後)
千歳空港支店長、JALスカイ札幌社長、JALグランドサービス札幌社長となり部下掌握に苦労をした(53歳～56歳)。男性部下から認められず、毎朝現場を回り声をかけ続けた	シンガポールの社長兼店長となり、高島屋の原点に立ち戻る(50代前半)。高島屋で働くことに誇りを持ち、上下関係なく現場をつくり上げていくことはどの店舗も同じと再認識する	CSR部門への異動で視野が広がる(40代半ば)。ものづくり、サービス立ち上げ、そして企業のブランド価値創造の仕事に就き、一気に視野が広がった
	法人事業部長となり、百貨店業務にはない攻めの営業を知る(50代後半)。約2000社の顧客に対して、百貨店業務を超える企画を提案する部署で、未知の世界を知る	

女性役員の「一皮むけた経験」まとめ

名　前	神崎夕紀(56)	河野奈保(43)
企業名	キリンビール	楽天
役　職	常務執行役員横浜工場長	常務執行役員CMO(チーフ·マーケティング·オフィサー)、コマースカンパニーシニアバイスプレジデント
一皮むけた経験①	即戦力の中途入社としての存在意義を5年間自問自答した(28歳～32歳)。女性の技術職も、中途入社も、初めてのことで戸惑いもある職場でどう貢献するか立ち位置を模索した	三木谷社長から「市場創造」の視点を教えられ開眼する(20代後半)。「モバイルの河野」と呼ばれるようにと、携帯ビジネスを猛勉強し、三木谷社長から責任者に指名される
経験②	神戸工場立ち上げに参画。醸造の仕事を希望して異動。過酷な工場立ち上げでチームプレーの醍醐味を知る。リーダーを目指す決意をする(32歳～41歳)	仕事は飛ぶ鳥を落とす勢いながら、結婚、出産に思い悩み、自分なりに結論を出す(30代半ば)
経験③	栃木工場で、業界初の女性醸造部長に。工場閉鎖を経験する(44歳～47歳)。部長として部下全員と面談して異動を告げる。工場閉鎖の修羅場で胆力をつける	執行役員に就き、女性の後輩から「ありがとうございます」といわれ、自身の役割を認識した。女性幹部の役割を引き受けることを覚悟(36歳)
経験④	初の本社勤務で、生産、営業、物流の三者の調整をする。視野が一気に広がる(47歳～51歳)。本社で他部署の人との価値観の違いに驚くが、経営の視点を得る	楽天優勝セールの値引き問題で批判を浴びお詫び会見。楽天はもはや社会のインフラを担う大企業としての社会的責任があると知る(36歳)
経験⑤	業界初の工場長となる(51歳～)。時間制限のある社員も含め、皆が成長できる職場づくりを部下の部長らと考える	母を看護の後、がんで亡くしたことで家庭責任を負う社員のマネジメントを再考。仕事と生活の両立、企業の社会的責任に目覚める(41歳)

あとがき

「女性役員のキャリアの軌跡を追っても今や時代が違うし、これから求められる管理職像も違う、次世代の参考にならないのではないか」

本書の企画調査を始めるにあたり、複数の方からこんな助言をいただいた。しかし、いざ日米独でインタビューをしたところ、これからの時代に求められるリーダーシップの在り方が見えてきたように思う。部下に向かい、ビジョン、ミッションを明確に、折に触れて丁寧に語る。それぞれの仕事の意義を説き、部下のモチベーションを高める。そして、それぞれが抱える家庭責任にまで配慮するダイバーシティ・マネジメントを行う。自らが組織のなかで女性というマイノリティであったからこそもてる、多様な社員に対する目線があった。女性役員から浮かんでくる新しいリーダー像は、日米独で変わりはなかった。

役員という立場になっても、自分らしさは失わないようにしたいという言葉も度々聞かれた。かつてのピラミッド型組織で機能した、上意下達のリーダーシップ、従来の男性型ともいえるリーダーシップとは一線を画すものである。意思決定層を多様化することで、リーダー像は確実に変わっていくという予感も次第に確かなものとなった。日本は先進国のなかで女性登用に後れをとるものの、骨太な新しい女性リーダーらが誕生し、点から線になりつつあるという手応えを得た。

そして本書のテーマである「一皮むけた経験」。第三章で述べた通り女性役員の一皮むけた経験は、男性役員と似通っている。成長につながる経験に、男女で差はないということだ。いい換えるなら男女の差なく成長する機会を与えられた人が、女性リーダーとして育っていったということだ。本書で繰り返し述べてきたが、女性幹部を育てるうえで直属上司の責任は大きい。

また日本の女性役員をドイツ、米国シリコンバレーの女性エグゼクティブと比較したところ、一皮むけた経験に共通点が多いことがわかった。新ビジネスの立ち上げや事業再生、失敗経験などが成長につながっている。子育てとの両立や社内外のジェンダー・バイアス、そして自身の内なるバイアスが壁となることは、日本のみならず、半歩進んでいるドイツや米国でも同様だった。リーダーとなる道を歩むときぶつかる女性ならではの壁は、世界共通のようだ。これは今なお続く課題である。

日本においては、今声高らかに進められている働き方改革が進まない限り、女性リーダーの育成もおぼつかない。オフィスで長時間労働を強いられる環境では、女性管理職予備軍が継続就業を諦めたり、管理職となることを尻込みしたりする。

さらにいうなら、組織の人事制度を含めて、社会の仕組みが男性片働き社会の仕組みから、共働き社会へと転換し切れていないことが女性登用の壁となっている。例えば、出産・子育てなどで、現場の第一線から長期離脱するとペナルティを与えられるような評価制度、残業、異動、転勤はすべてOKという無制限型社員を中核社員とする人事制度などだ。かつての高度成長期を支えた、こうした日本的雇用慣行を見直していかないと、女性管理職、そして役員の増加は見込めない。

ここで10年後の未来に思いを馳せてほしい。あなたの娘たちへ、後輩たちへ、今の日本社会の在り方をそのまま引き継いでいいのか。誰しもが男女差なく自分らしく生きられる社会になっているのか、性別に関係なくリーダーシップを発揮する社会になっているのか――。現状のままでは、あらゆる分野で男女平等を実現するまでに、99・5年かかると、世界経済フォーラムは試算している。手をこまぬいてはいられない。1日でも早く女性役員、女性管理職から「女性」が外れて、性別など関係ない日がくるといい。本書を通して、そのためのきっかけを何か手にしていただけたとしたら幸いである。

本書を執筆するにあたっては実に多くの方々から、助言・ご協力をいただいた。すべての方のお名前を挙げることはできないが、心よりお礼を申し上げたい。神戸大学の金井壽宏教授には、企画段階から細やかなご指導をいただいた。日経ビジネスオンラインでの連載では、編集部の村上富美さんに伴走していただいた。ドイツ取材では杉山てる子さん、米国取材では長野美穂さんに大変お世話になった。第七章の調査研究は、目白大学客員研究員の川﨑昌さんが緻密な分析をしてくれたお陰で形になった。調査にあたっては、NPO法人GEWELの村松邦子元代表理事、小嶋美代子代表理事に多大なるお力添えをいただき、企業25社にご協力いただいた。出版にあたり光文社新書編集部の小松現さんにご尽力いただいた。そして、インタビューに快く応じてくださった日米独の女性役員・管理職の方々の協力なくして本書は刊行できなかった。自らの経験を率直に語ることが、社会を変える一助となればと取材に応じてくださった方々の熱い思いを、次につなげていきたいと思う。

2020年1月

野村浩子

参考文献

金井壽宏『仕事で「一皮むける」　関経連「一皮むけた経験」に学ぶ』（光文社新書）、２００２年

金井壽宏『働くみんなのモティベーション論』（日経ビジネス人文庫）、２０１６年

金井壽宏『リーダーシップ入門』（日経文庫）、２００５年

金井壽宏『働くひとのためのキャリア・デザイン』（ＰＨＰ研究所）、２００２年

金井壽宏『変革型ミドルの探究――戦略・革新指向の管理者行動』（白桃書房）、１９９１年

入山章栄『世界標準の経営理論』（ダイヤモンド社）、２０１９年

石原直子「女性役員の『一皮むける経験』――幹部候補女性を育てる企業のための一考察――」リクルートレビュー Vol.1、２００６年

Credit Suisse “Gender Diversity and Corporate Performance”.,2012

マッキンゼー・アンド・カンパニー “Delivering through Diversity”., 2018

経済産業省・競争戦略としてのダイバーシティ経営（ダイバーシティ２・０）の在り方に関する検討会「ダイバーシティ２・０検討会報告書～競争戦略としてのダイバーシティの実践に向けて～」、２０１７年

シェリル・サンドバーグ『リーン・イン　女性、仕事、リーダーへの意欲』（日本経済新聞出版社）、２０１３年

大沢真知子編著『なぜ女性管理職は少ないのか　女性の昇進を妨げる要因を考える』（青弓社ライブラリー）、２０１９年

ロンダ・シービンガー「自然科学、医学、工学におけるジェンダード・イノベーション」（『学術の動向』２０１７年11月号、小川眞里子訳）

駒川智子「女性管理職の数値目標の達成に向けた取り組みと組織変化」大原社会問題研究所雑誌5月号、No.703、p17‐31、２０１７年

Bass,B.M.,Avolio,B.J.“Revised manual for the multifactor leadership questionnaire”. Palo Alto,CA: Mind Garden.,1997

Rudman, L.A.& Fairchild,K.“Reactions to counterstereotypic behavior: The role of backlash in cultural stereotype maintenance.” Journal of Personality and Social Psychology, 87(2),p157-176,2004

Williams, J. E. & Best, D. L.“Measuring sex stereotypes: A multination study”, Sage Publications, Inc.,1990

Eagly, A.H.& Karau, S.J.“Role congruity theory of prejudice toward female leaders.” Psycological Review, 109-3 ,p573-598,2002

Eagly, A.H.&Johannesen-Schmidt, M.C. & van Eagen, M.L.“Transformational,transactional and laissez-faire leadership styles: A meta-analysis of comparing women and men.” Psychological Bulletin, 129-4,p569-591,2003

Rudman, L. A. & Moss-Racusin, C. A., & Phelan, J. E. & Nauts, S.“Status incongruity and backlash effects: Defending the gender hierarchy motivates prejudice against female leaders”. Journal of Experimental Social Psychology, 48,p165-179. 2012

Hyde, J. S.“The gender similarities hypothesis”. American Psychologist, 60(6), p581-592,2005

若林満・宗方比佐子「女性管理職に対する態度（WAMS）と女性リーダーシップの評価に関する研究」名古屋大学教育学部紀要、33、ｐ２２９-２４６、１９８６年

坂田桐子「リーダーシップ過程の性差に関する研究の現状」実験社会心理研究、36-１、ｐ１１４-１３０、１９９６年

倉矢匠「日本における促進指向的及び抑制指向的ジェンダー規範」東洋大学大学院紀要、53、ｐ１０７-１２４、２０１６年

野村浩子「揺れる欧州、女性役員クオータは要らない?」日経電子版、２０１４年3月31日

野村浩子『女性に伝えたい　未来が変わる働き方』（ＫＡＤＯＫＡＷＡ）、２０１７年

野村浩子、川﨑昌「組織リーダーの望ましさとジェンダー・バイアスの関係――男女別、階層別のジェンダー・バイアスを探る」（淑徳大学人文学部研究論集第4号）、２０１９年
野村浩子、川﨑昌「成果につながるリーダーシップ・スタイルの男女階層別比較」（淑徳大学人文学部研究論集第5号）、２０２０年
川﨑昌、野村浩子「リーダー意欲と性別役割分業意識に関する属性分類の探索的研究」（情報ディレクトリー学会発表論文）、２０１８年
川﨑昌、野村浩子「組織リーダーの望ましさとジェンダー・バイアスの関係」（産業・組織心理学会発表論文）、２０１８年
川﨑昌、野村浩子「男女管理職の階層別リーダーシップ・スタイルとジェンダー・バイアスに関する一考察」（経営行動科学学会発表論文）、２０１８年
野村浩子、川﨑昌「女性リーダー育成につながるダイバーシティ推進施策」（人材育成学会発表論文）、２０１８年

【初出】

本書は以下の初出原稿に大幅加筆修正を加えたものです。

第一～三章　日経ビジネスオンライン（現日経ビジネス電子版）にて２０１８年３月～２０１９年１月まで連載

第四章（一部）　日経電子版「ＷＯＭＡＮ　ＳＭＡＲＴ」２０１９年４月３日

第五章（一部）　日本経済新聞２０１９年11月４日、ならびに日経電子版「ＷＯＭＡＮ　ＳＭＡＲＴ」11月12日

第六章（一部）　日経ビジネスオンライン（現日経ビジネス電子版）２０１８年４月18日

第七章（一部）　静岡新聞「時評」２０１９年11月13日

【付記】

第一～五章ならびに七章の定性調査、定量調査は、文部科学省科学研究費（基盤研究（C）17K03890　研究代表者：野村浩子）の研究の一環として行いました。

野村浩子（のむらひろこ）

ジャーナリスト。1962年生まれ。'84年お茶の水女子大学文教育学部卒業。日経ホーム出版社（現・日経BP）発行の「日経WOMAN」編集長、日本経済新聞社・編集委員などを務める。20年以上にわたり、働く女性をテーマに取材執筆、研究を続けている。日経WOMAN時代には、その年に最も活躍した女性を表彰するウーマン・オブ・ザ・イヤーを立ち上げた。2014年4月～'20年3月、淑徳大学教授。'19年9月より公立大学法人首都大学東京（'20年4月より東京都公立大学法人）監事、'20年4月より東京家政学院大学特別招聘教授。著書に『女性に伝えたい　未来が変わる働き方』（KADOKAWA）、『定年が見えてきた女性たちへ』（WAVE出版）などがある。

女性《じょせい》リーダーが生《う》まれるとき

「一皮《ひとかわ》むけた経験《けいけん》」に学《まな》ぶキャリア形成《けいせい》

2020年3月30日初版1刷発行

著　者 ── 野村浩子
発行者 ── 田邉浩司
装　幀 ── アラン・チャン
印刷所 ── 萩原印刷
製本所 ── 榎本製本
発行所 ── 株式会社光文社
東京都文京区音羽1-16-6（〒112-8011）
https://www.kobunsha.com/
電　話 ── 編集部03（5395）8289　書籍販売部03（5395）8116
業務部03（5395）8125
メール ── sinsyo@kobunsha.com

  ISBN 978-4-334-04463-3

光文社新書

1043

アルゲリッチとポリーニ
ショパン・コンクールが生んだ2人の「怪物」

本間ひろむ

「生きる伝説」2人はどんな人生を歩み、演奏スタイルを追求してきたのか。音楽的事象を軸に綴りながら、20世紀後半から現在までのクラシック音楽史を描き出す。【名盤紹介付き】

978-4-334-04453-4

1044

アイロニーはなぜ伝わるのか？

木原善彦

「言いたいことの逆」を言っているのに、なぜ相手に意図が伝わるのか？ 人間が操る修辞の、技術的な結晶であるアイロニーの可能性を、古今東西の文学を通じて探っていく。

978-4-334-04454-1

1045

21世紀落語史
すべては志ん朝の死から始まった

広瀬和生

「志ん朝の死」で幕を開けた21世紀の落語界。その現在に至るまでの出来事を、落語ファンとして客席に足を運び続けた立場から振り返り綴る。「激動の時代」を後世に伝える一冊。

978-4-334-04455-8

1046

中学の知識でオイラーの公式がわかる

鈴木貫太郎

天才の数式は最低限の知識で誰でもわかる。数学0点で再生2200万回超のユーチューバーが保証。動画もあるから迷わない。目指すのは丸暗記ではなく真の理解。予習ナシで今出発！

978-4-334-04456-5

1047

御社の新規事業はなぜ失敗するのか？
企業発イノベーションの科学

田所雅之

「3階建て組織」を実装できれば、日本企業はイノベーティブに生まれ変わる――ベストセラー『起業の科学』の著者が大企業に舞台を移し、新規事業を科学する！

978-4-334-04457-2

光文社新書

1048

首都圏大予測

これから伸びるのはクリエイティブ・サバーブだ！

三浦展

本当に人を集める力のある街はどこか？　首都圏在住者への大規模調査とフィールドワークを通じてわかった、東京郊外の趨勢を忖度なしの徹底予測。

978-4-334-04451-0

1049

体育会系

日本を蝕む病

サンドラ・ヘフェリン

パワハラ・忖度・過労自殺・組体操事故・#KuToo…不合理な同調圧力は学校から始まる。愛する日本が先進国であるために、負の連鎖を破る特効薬を日独ハーフの作家が緊急提言！

978-4-334-04458-9

1050

ONE TEAM《ワンチーム》のスクラム

日本代表はどう強くなったのか？
増補改訂版『スクラム』

松瀬学

2019年の流行語大賞にも輝いた「ONE　TEAM」。その象徴はスクラムだ。長谷川慎コーチ、堀江翔太、稲垣啓太、具智元が明かす、フィジカル勝負、心理戦、頭脳戦の攻防。

978-4-334-04460-2

1051

段落論

日本語の「わかりやすさ」の決め手

石黒圭

段落を意識すると、文章力はもちろん、読む力や話す力までも伸ばすことができる——思考をわかりやすく整理してくれる「段落」の可能性を、日本語研究の第一人者が明らかにする。

978-4-334-04461-9

1052

期待値を超える

僕が失敗しながら学んできた仕事の方法

松浦弥太郎

情けない失敗だって、むしろチャンスなんだ。仕事で苦しい思いを抱えていても、自信は取り戻せる。元『暮しの手帖』編集長による、勇気がわいて少しだけ前向きになれる仕事論。

978-4-334-04462-6